策　　划 / 丁显操　丁桐志　丁文猛
著　　作 / 庄景辉
摄　　影 / 吴孙权
英文翻译 / 丁燕蓉
建筑制图 / 郑琦珊
主　　办 / 陈埭镇回族事务委员会
赞　　助 / 丁木德　丁和木　丁金朝

全国重点文物保护单位

陈埭丁氏宗祠

庄景辉 著

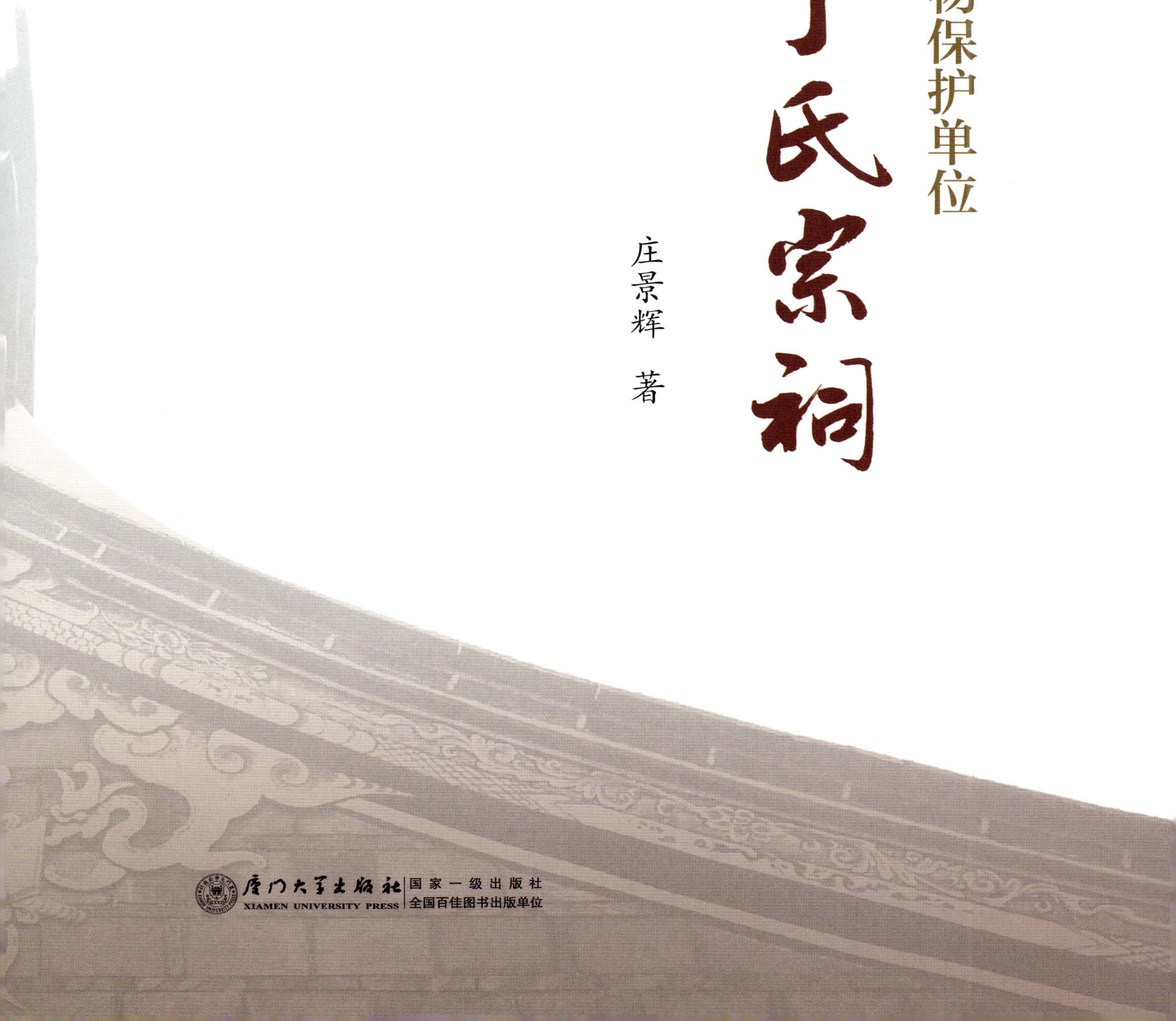

厦门大学出版社
国家一级出版社
全国百佳图书出版单位

图书在版编目（CIP）数据

全国重点文物保护单位陈埭丁氏宗祠 / 庄景辉著
. -- 厦门：厦门大学出版社，2024.8
ISBN 978-7-5615-9255-7

Ⅰ.①全… Ⅱ.①庄… Ⅲ.①祠堂-介绍-晋江
Ⅳ.①K928.75

中国国家版本馆CIP数据核字(2024)第017927号

责任编辑　薛鹏志　陈金亮
美术编辑　李夏凌
技术编辑　朱　楷

出版发行　厦门大学出版社
社　　址　厦门市软件园二期望海路39号
邮政编码　361008
总　　机　0592-2181111　0592-2181406(传真)
营销中心　0592-2184458　0592-2181365
网　　址　http://www.xmupress.com
邮　　箱　xmup@xmupress.com
印　　刷　厦门市明亮彩印有限公司

开本　889 mm×1 194 mm　1/16
印张　10.5
字数　200千字
版次　2024年8月第1版
印次　2024年8月第1次印刷
定价　168.00元

本书如有印装质量问题请直接寄承印厂调换

厦门大学出版社
微信二维码

厦门大学出版社
微博二维码

再版前言

丁信助、丁文錸、丁恩赐（自右至左）

　　陈埭丁氏宗祠，是福建省乃至国内历史最悠久、规模最宏大、保存最完整、影响最深远的回族祠堂。2006 年 5 月，国务院公布为"第六批全国重点文物保护单位"。

　　庄景辉教授撰著的《陈埭丁氏宗祠》一书出版于 2003 年，对这座具有重要历史、艺术、科学价值的建筑，做了全面、系统的论述，受到了社会各界的高度好评。

　　20 年后，丁和木、丁金朝宗长热心桑梓，急公好义，捐资予以再版，俾传之于无穷，爰特为之记。

　　晋江市陈埭镇回族事务委员会（第九届）主任丁文錸、副主任丁信助、丁恩赐　谨识

2023 年 11 月 28 日

丁和木
安踏集团荣誉董事长
和敏基金会荣誉主席

丁金朝
特步（中国）有限公司董事长
泉州市工商业联合会会长

全国重点文物保护单位揭碑典礼

陈埭丁氏宗祠荣膺"全国重点文物保护单位",在中华人民共和国首个"文化遗产日"即2006年6月10日,晋江市人民政府于陈埭镇举行了隆重的揭碑仪式。

福建省省市领导、海内外嘉宾和丁氏宗亲1000多人出席了庆典活动。晋江市文化体育局局长范清靖宣读国务院批文,晋江市人大常委会主任施并章向晋江市陈埭镇回族事务委员会主任丁显操授牌,福建省政协常委原省民族事务委员会主任邱林华、晋江市委书记李建国为《全国重点文物保护碑》揭碑。晋江市人民政府市长杨益民、泉州市民族与宗教事务局局长骆良益、晋江市陈埭镇回族事务委员会主任丁显操、厦门大学历史系教授庄景辉发表了热情洋溢的讲话。福建省民族与宗教事务厅、福建省文物局、泉州市文物管理局等单位发来贺电贺信。

旅菲聚书丁氏宗亲会丁木德会长率庆贺团前来参加典礼,迁居省内外各地和台湾、香港的丁氏宗亲共襄盛举并致贺信。会上,陈埭镇回族事务委员会对20多年来在迁建祖墓、修缮宗祠、出版宗谱和宗祠申办"国保"等宗族事务中,做出突出贡献的丁木德、庄景辉、丁和木,丁金朝、丁宗寅、丁好球、杨湘贤等12人给予了表彰。《新华网》《福建新闻网》《东南早报》《海峡导报》《厦门晚报》《泉州晚报》《晋江经济报》和《世界日报》《华辉日报》等多家海内外报刊做了报道。

在盛大的帝豪庆典晚宴上,海内外宗亲欢聚一堂,热烈响应。丁氏宗祠体现了独特的文化底蕴,展示了独特的历史风貌,荣膺"国保",值得丁氏回族引以自豪。我们务必珍惜这份荣耀,认真做好丁氏宗祠的保护、管理和合理利用工作,与时俱进,继承优秀的民族文化传统,增强民族自信心和凝聚力,为丁氏宗族的"世而增昌"再创辉煌!

陈埭丁氏宗祠荣膺全国重点文物保护单位揭碑庆典会场

省市领导、海内外嘉宾和丁氏宗亲参加庆典活动

施并章向丁显操授牌

邱林华、李建国为全国重点文物保护单位陈埭丁氏宗祠揭碑

大会表彰为回族事务做出贡献的12位宗亲和有关人士

菲律宾聚书丁氏宗亲会向回族事务委员会赠旗

序言

泉州城南的陈埭，是一个回族聚居的乡镇。700年前，一位名叫丁硕德的阿拉伯穆斯林后裔移居到这里，开基创业。他的子孙世世代代在这块土地上繁衍生息，艰苦奋斗，终于发展成为人口数以万计的"人文蔚起，代有簪缨"的大姓巨族。陈埭丁氏宗族的发展史，为我们显示了这个少数民族的巨大生命力，树立了外来移民与本土文化相融合的典型，对于研究古代"海上丝绸之路"的历史以及中华多民族大家庭形成的历史，都具有重要的意义。

宗祠是汉族传统宗法制度的载体。信奉伊斯兰教的陈埭丁氏宗族早在14世纪末15世纪初，便采用这种建筑形式祭祀祖先。这既说明了陈埭丁氏深受汉文化的影响，而且也反映出他们加强和维系宗族共同体的强烈愿望。丁氏宗祠创立至今已近六个世纪，其间世事多变，但在全体族人的精心维护下一直保存了下来，1991年被确定为省级重点文物保护单位。2002年还对宗祠进行全面的整修，"规模结构，悉依旧制，而建筑风貌焕然一新"。丁氏宗祠已成为体现陈埭丁氏宗族凝聚力的标志性建筑。更加可贵的是，从20世纪80年代起，宗祠内开辟了"陈埭回族史馆"。这是一种创新，使宗祠增加了新的社会功能，因而也就赢得了社会各界的广泛赞誉，被列为"晋江市爱国主义教育基地"。

历史人类学家庄景辉教授长期从事陈埭回族史的研究，取得了丰硕的成果。由他编校的《陈埭丁氏回族宗谱》，受到海内外学术界的重视。最近他在陈埭镇回族事务委员会的大力支持下，撰写了《陈埭丁氏宗祠》，对这座具有重要历史价值的建筑做了全面、系统的论述。为了考察"海上丝绸之路"史迹，自20世纪80年代以来，我多次到历史文化名城泉州考察，其间亦曾到丁氏宗祠瞻仰，深受启迪。拜读庄著《陈埭丁氏宗祠》后，更加深了对有关史实的认识。

我相信此书的出版，一定会受到社会各界的欢迎，亦将进一步提高丁氏宗祠的知名度。同时，我们也衷心地希望陈埭丁氏宗祠和陈埭回族史馆能与时俱进，不断创新，在社会主义精神文明建设中发挥更大的作用。

陈高华

2003年五一劳动节于北京

Preface

Chendai, located in the south of Quanzhou city, is a town inhabited by the Hui nationality. Seven hundred years ago, Ding Shuode, a Muslim Arabian descent, immigrated here and hewed out a stage for his off-springs, who, from generation to generation, settled down on this lot, toiled and sweated, and in the long run, developed into a big family of "rich cultures and abundant talents" with thousands of clansmen. The history of the Ding Family in Chendai reveals the enormous vitality of the Hui nationality, and sets up a typical model for the integration of immigrants into the native culture. All this is of significant importance to the research on the histories of ancient "Maritime Silk Route" and of the development of the great Chinese people.

A clan hall is a carrier of the ancient clan system of the Han nationality. In the late 14th century and the early 15th century, the Ding Family in Chendai, who believed in Islam, began to adopt this kind of building structures to offer sacrifice to their ancestors. From this, we can see that the Ding Family in Chendai are strongly keen to strengthen and keep a clan community while they are greatly influenced by the Han culture. For nearly six centuries from its very founding, the "Clan Hall of the Ding Family in Chendai" has been well preserved, through ebbs and flows, under care of the whole clans. In 1991, it was honored as the important "historic reservation" at the provincial level. In 2002, the clan hall got its all-round renovation, featured as "traditional framework but brand-new look". It has become a landmark symbolizing the cohesion of the Ding Family in Chendai. To be more worthy, the "Museum of the Hui Nationality in Chendai" has been set up inside the clan hall since 1980 s. This innovation adds up to the social function of the clan hall, and therefore acquires a good reputation among all circles of the society. It has been ranked as "Jinjiang Base of Patriotism Education".

Prof. Zhuang Jinghui, an anthropologist, has been engaged in the research on the history of the Hui nationality in Chendai for a long time, and has made rich achievements. He has redacted *The Pedigree of the Ding Family in Chendai*, which has been highly appreciated by the academic circle at home and abroad. Nowadays, under the support of the Affairs Committee of the Hui Nationality in Chendai town, he has composed *The Clan Hall of the Ding Family in Chendai*, which presents an omnifaceted and systematic discourse on the hall of historic value. Since 1980 s, so as to carry out the fieldwork on historical relics of "Maritime Silk Route", I have been to Quanzhou, famous for its culture and history, for several times, during which I also paid visits to and showed admiration for the Clan Hall of the Ding Family, and thus got enlightened. After reading through *The Clan Hall of the Ding Family in Chendai* by Prof. Zhuang, I have attained a further understanding of the related historical facts.

I hold that the release of this book is certain to receive the welcome from all circles of the world, and to further improve the reputation of the Clan Hall of the Ding Family. Meanwhile, we shall give our wholehearted wishes to the "Clan Hall of the Ding Family in Chendai" and the "Museum of the Hui Nationality in Chendai", for their update, together with their greater role in the building of socialistic spiritual civilization.

Chen Gaohua
May 1 (Labor Day), 2003, Beijing

目　录

肇建年代 —————————————————————— 001
历史沿革 —————————————————————— 006
建筑特色 —————————————————————— 011
祖先崇拜 —————————————————————— 017
祭祀礼仪 —————————————————————— 025
宗祠功能 —————————————————————— 034
社会影响 —————————————————————— 043
文献资料 —————————————————————— 051
文物事迹 —————————————————————— 101

后　　记 —————————————————————— 154
再版附记 —————————————————————— 155

肇建年代

宗祠，亦称家庙、祠堂，是族人祭祀祖先之所在。民间的祠堂与天子宗庙同源而异流，是在西汉时发达起来的。"汉世公卿贵人多建祠堂于墓所"，初期的祠堂，建于墓地之上，称为"堂"，而"祠"是对祖先的一种祭祀名称。到了宋代，理学盛行，朱熹在《家礼》中规定，"君子将营宫室，先立祠堂于正寝之东"，祠堂被视为高于一切，关乎家族命运之所系，具有神圣不可侵犯的地位。因此，名宦巨贾、豪姓望族，均建祠堂，以显其本，以祭其祖。后来把这种附于"正寝之东"的祠堂搬到居室之外与住宅相分离而成为独立的"家庙"，则是从明代才逐趋普遍的。"吏民为立祠堂，岁时祭祀不绝"，祭祖作为家族的重要活动受到人们的高度重视，祠堂成了家族具有凝聚力的象征。

陈埭丁氏回族，聚居于晋江市陈埭镇的江头、岸兜、溪边、四境、花厅口、鹏头、西坂7个行政村，有回民两万多人。据《丁氏宗谱》记载，一世祖节斋，在南宋咸淳年间（1265—1274年）自姑苏货贾于闽泉，卜居郡城文山里。至三世硕德于元代末年率子丁善举家迁居城南二十七都陈江雁沟里，即今之陈埭。七个世纪以来，丁氏在这片美丽富饶的晋东平原上繁衍生息，开基拓业，发展成了被誉为"万人丁"的大姓巨族。坐落在丁氏肇基之地岸兜村的"丁氏宗祠"，是陈埭丁氏回族形成、发展、兴盛历史的写照，其以福建省乃至国内历史最悠久、规模最宏大、保存最完整、影响最深远的回族祠堂而著称，1991年3月20日被福建省人民政府公布为"福建省第三批省级文物保护单位"。

追溯丁氏宗祠的历史，最早提出建祠的是三世祖丁硕德。明万历二十八年（1600年）"赐进士榜眼及第，资政大夫、南京礼部尚书，前吏部左部侍郎兼侍读学士，眷生黄凤翔顿首拜撰"的《重建丁氏宗祠碑记》云："三传至硕德公，徙居陈江，遗命诸子，即所居营祠焉。"[1]丁硕德，即丁夑，字大皋，生于元大德二年（1298年），卒于明洪武十二年（1379年），是丁氏迁居陈

埭之肇基者。丁硕德在临终之前留下要儿子们在所居之地建立祠堂的遗嘱，并非偶然。丁氏一世至三世单传，三世硕德刚满周岁，祖父丁谨（字慎思，号节斋，1251—1298年）就去世了，八岁时父亲丁嗣（字衍宗，号述庵，1273—1305年）又不幸逝世。当年硕德的母亲陈氏（谥顺正）25岁，祖母陈氏（谥大娘）51岁，三口之家，"顺正妣所处为艰，当元季祸离之际，舅殁姑老，絜八岁之孤三世一身，鞠育以底于成"[2]，丁硕德在母亲和祖母的抚养、教育下长大成人。"硕德公商贩于外，往来苏、泉之间"[3]，继承父祖以做生意为业，至晚年积攒了一定的财富，借着小康家境，其儿子丁善（字彦仁，号仁庵，1343—1420年）与同处城南的邻居，"系出泉南右族宋永春开国男少师公夏之六世孙"庄淑懿联姻。然而，元代末年泉州爆发了"亦思巴奚"战乱，这场为争夺经济利益和政治权势的战乱，肇始于至正十七年（1357年），息止于至正二十六年（1366年），前后持续了10年。前5年义兵万户赛甫丁及其同类阿迷里丁叛据泉州，"民被荼毒"。后5年市舶司提举那兀纳和蒲氏发动兵变，称雄兴泉，"大肆淫虐"，紧接着又是元将陈友定讨伐叛军，"凡西域人尽歼之，胡发高鼻有误杀者"[4]，使泉州这座称盛一时的国际都市遭到了空前的浩劫。战乱使泉州生灵涂炭，海外贸易凋敝零落，色目人纷纷逃往海外或徙避他乡。丁氏一家出自庄淑懿的建议，以她对丁善"丈夫当自营一方，括地力所出以长资产、充贡税，即进不能效古人输助边饷，退亦不能为素封，安能向市廛混贾竖，规规逐微息耶？"[5]的劝说而因应时局做出抉择，迁出泉城，"植业于城南之陈江"。入明以来，在大汉民族主义政策和排外风潮的影响下，尤其是泉州地区汉人因元末兵乱的蹂躏而对色目人所产生的怨恨心理和反抗情绪，使得丁氏族人倍受歧视。顺从回教的色目人在明代虽入编户，然被视为"梦乱我族类"者，而"色目之道，夷狄之俗"则被当作是弊端。[6]因此，失去了元代那种优越社会地位的色目人，不仅纷纷避居乡下，而且改换姓氏，隐居不名，以图生存。八世丁仪在《族谱序》中述及丁氏家族之历史云：

> 相传有始祖讳谨者，往年贾于泉中，因卜居于城南隅。传至三世祖讳夔者，植业于城南之陈江二舍许，因而迁居。子孙相传，隐伏耕读于其中，力行为善，咸知自远于法而保其家，故其属日以蕃。[7]

丁仪所记丁氏"隐伏耕读"于陈埭，以"远于法而保其家"的情形，揭示了当年族人避难隐居的历史事实。丁氏回族迁居陈埭后，可能在相当长的一段时间里不得不隐匿自己的真实身份和来历，以二十七都占籍为帖，"惟笃实躬行，济人及物为家法"[8]，在广袤的汉族社区中求得

生存和发展。丁硕德之所以在去世前遗命诸子"所居营祠",不能不说缘起于其非同一般的家庭处境的影响以及从小接受来自祖母和母亲的汉文化熏陶。把丁氏宗祠的建立放在这样的历史背景中来认识,显然对丁硕德建立祠堂祭祀祖妣尽其孝道的"营祠初衷"有一更深层次的理解。

丁硕德有四子:曰泰、曰善、曰实、曰朗。泰殇,实于父卒后没几年相继去世,朗为"芽之旁出者"。因此,在丁硕德之诸子中,能遵"遗命"而完成其宿愿的只有次子丁善。丁善"为人倜傥志大,以才略雄于里中",为后世子孙尊为"光前裕后之列祖"。[9]丁善确不负父望,在他手头创建了宗祠。丁启濬(字亨文,号哲初,继号蓼初,1569—1636年)的《三宗祀议》述及宗祠云"仁祖拓基启宇",正是记载了这一事实。但是丁善建祠的具体时间却不见有明确的记载。由丁硕德"遗命"到丁善实施所界定的时限看,宗祠是在丁硕德去世的洪武十二年(1379年)以后至丁善在世的永乐十八年(1420年)之前的这段时间里建造的。不过,这期间发生的"丁善坐诬"案,给宗祠的建设带来了影响。《府君仁庵公传》记载:

> 时海内甫定,尚袭蒙古色目之旧。里社好为白莲会,摇惑众志,官虽厉禁犹弗戢。有司廉公行谊,使纠于乡。公发岸沟诸党触禁,白请以官治之。新令方严,而犯纲者众,致狱岁久不决,奏下刑部,逮公与诸党至京,连及公之长子俱系狱。[10]

因请官府治白莲会,丁善及长子妈保(字世隆,号毅庵,1366—1431年)遭监禁。事情发生在什么时候,是哪一年出狱的,谱载不详。《诚斋府君传》云,次子观保(字世乎,号诚斋,1369—1436年)"至京击登门鼓,陈奏天子,伸明父冤,明太祖亲览其表……遂赦公之罪……父子踊跃归家团聚"。[11]何乔远记诚斋"出仁庵公难于燕",其"年甫十五"[12],若据此推之,诚斋生于洪武二年(1369年),丁善出狱当在洪武十六年(1383年),这似乎是不可能的,这一年妈保才刚18岁。《二庄孺人传》云,淑懿在丈夫和儿子逮系京师时,"门内事无钜纤,督仆力持,数载有隆无替"[13],可见父子两人在监狱里被关押了好些个年头。假如是洪武十六年(1383年)出狱,入狱的时间显然是在这几年以前,那时妈保尚未成年,是不会"俱系狱"的。那么,丁氏父子遭捕入狱的起止时间究竟是在何时,考之甚难,不过可据以下三点推其大概。第一,妈保有三子,长子守一生于洪武十八年(1385年),次子亨仲生于建文二年(1400年),三子亨叔生于永乐三年(1405年),长子与次子的年龄相差15岁,这很可能是因妈保在此期间遭系狱而造成的。第二,丁善请官治白莲会,"按法奏十人以上大罪不实当论死,而诸

党扬扬然得志,谓公父子当系死狱中"[14],观保于是在洪武二十七年(1394年),向鹿园潘粪扫买地"开作生坟"[15],无疑是出于以备应急安葬这一考虑,说明此时丁善还在押狱中。第三,谱载观保"年甫十五,间关八千余里","往京陈奏天子,救父回家"[16],此乃15岁孩子之所为,是很难想象的。但有一点值得联想的是,诚斋上京伸明父冤,在年龄上似有出入,而事情则是有可能的,他应该是得到了其母舅庄兼才的支持。庄淑懿的弟弟庄兼才,"洪武丙子(二十九年,1396年)应天举人,丁丑(三十年,1397年)联第进士,授行人,升刑部主事,历郎中,凡谳狱未平者,悉取正焉"。[17]诚斋之所以能"脱父厄",应与身居刑部主事的庄兼才不无关系。

见如上述,大致可以推知,丁善及长子遭系狱发生于洪武十八年(1385年)以后,出狱在洪武三十年(1397年)左右。这一推断与丁善"归,犹十数年,老于家,寿终七十八"[18],去世于永乐十八年(1420年)的记载正相吻合。这样一来,宗祠的营建只能是在丁善出狱后的事。丁善及长子虽坐诬逮系京师,但由于妻子淑懿的致力操持,使"家用益饶"[19]的家庭经济并没有因之而遭受多大的挫损。丁善还曾于永乐七年(1409年)买"房屋大小五间及山地一亩""为业"。[20]其遵父命"拓基启宇"创建宗祠,也应是在永乐初的这个时候完成的。民间广泛流传的一则故事,有道是丁善的三子福保(字世章,号英杰,1375—1432年)从小牧牛,天天抱牛犊过沟放养,日久如故。随着小牛的逐渐长大,福保因此练就了过人臂力,某日赴打擂台,过招数回合不下,急得妻子施氏在台下大叫"抱牛"而提醒了他。于是福保奋力将对手抱起抛之下台,得胜后即拆擂台杉木搬运回家建宗祠。"五世祖英杰公拳术冠闽,赴省擂台得胜"[21]之传说是否属实有待稽考,但事件当发生在福保青壮年时期的永乐间,这无疑为丁氏宗祠的建立时间提供了又一佐证。

值得一提的是,九世丁自申(字鹏岳,号槐江,1521—?年)撰《二庄孺人传》,对"大宗祖仁庵府君之配"淑懿"大造于我家",有功于丁氏家族给予很高的评价,盛赞"自古家之兴,非特一丈夫之力也,盖必有内助焉"。[22]淑懿孺人"自归仁庵公,即斥纨绮服寒素",但汉族的传统观念却给家族带来了重大的影响。当"庄祠毁于火",淑懿"载少师以下木主别祀私室"[23],她那根深蒂固的崇祖意识,必然给仁庵以深刻启导。丁仁庵遵父命而创建宗祠,不可忽视庄淑懿积极推动的重要作用。

历史沿革

丁氏宗祠肇建于明永乐年间，历经修葺、重建、扩筑，始至如今之规模，丁氏族谱、碑刻详细地记载着宗祠沿革的历史。

丁善"拓基启宇"所建的"宗祠"规模有多大不见记载，在此之后的100多年间，也并没有进行过太大范围的增建扩筑，丁自申所说"祠不过三间"[24]的状况，一直维持到了明嘉靖四十年（1561年）毁于兵燹。族谱载这一年冬，"倭据其地，举族室庐荡然俱毁，无有存者。老少壮长，旅寓城中，生无宁居，没无宁祀"[25]，宗祠遭到了彻底的破坏。八世承德公丁怿（字甫仪，号后吾，1484—1573年）见状"伤之"，嘱于其子梧州公丁自申"不可以当吾世而湮宗祠"[26]"至戊辰（1568年）遘疾，呼申语曰：'顾大宗祠未落成，死而见祖宗地下，惧以我为慢'"。[27]丁自申遂"承父志续先构"，"捐金营建"。[28]族谱载兵燹之后"始祖祠宇议以众力建者不下三百人"，丁怿"量用己资充估费之半"。[29]重建工程是在宗祠遭灾七八年后着手进行的，丁怿于是"月往祠堂考筑视成，筮吉奉主告竣事，复置酒张乐，胥会三百子姓于堂中，以联同祖之爱"。[30]丁怿是一位处家孝友、忠信行谊"诚足动人"的人，"事父母旦盥洗，立床下察词色，所欲先意迎之，务得其欢"，"人以贫告者，随力赒之，至焚所负券，不责其尝"，捐助公益"他如曾井、陈仓二坟之祭费无出，则捐膏田数亩而使三房轮掌。清净寺缮修楼塔，资施三十余金。海埭斗门冲决，佣工伐石，使其侄陂首董治"。[31]可见丁怿提倡重修宗祠，热衷宗族事务并非偶然。他为丁氏宗祠灾后复建所做出的特别贡献，赢得了族人的赞誉而名垂谱牒。

丁怿、丁自申对宗祠进行了大规模的扩建，"增其式廊，购东西之丙舍，拓庙亭之中堂"，大有"裕后光前"之功。[32]然而，丁自申对此并不感到满意，其"犹歉于未备，而谆谆嘱其子也"。[33]万历二十八年（1600年），任南京户部江西主事的三子丁日近（字光元，号午亭，1553—？年）遵父命而从其事。黄凤翔对这一次的兴修做了比较详细的记载：

顷计部君谒告归，聚族而谋，佥谓是役也钜，匪群力弗济。计部君慨然曰："父命之矣，吾乌敢自爱其力。"悉罄禄余，规画详悉。族人袝祠而舍者，咸愿以地归焉。君厚输其直，拓祠地周围可七十余丈，综其费几千余金，五阅月而告竣事。门庑轩敞，寝室深邃，庭墀宏阔，飨馈有室，斋庖有所。[34]

丁启濬《三宗祀议》亦对重修后的宗祠宏规做了描述："前辟朝庭，后营寝室，恢为两庑，亘以修垣，翼翼如也。"[35]丁日近"斥俸金八百余两，不召宗人一钱"[36]，对宗祠又做了进一步的扩筑，使得丁氏宗祠"自承德公而下，营之凡三世，乃今赫赫奕奕，逾用改观，惟宗祊实嘉赖之"。[37]今天宗祠的规模，正是这一次的重修奠定下的基础。

自此以降，见于史载而有事迹可考者，宗祠在清代先后进行了5次重修。一是康熙二十四年（1685年）宗祠"倾损不可复睹"，十三世丁炜（字澹汝，号雁水，1627—1696年）"捐清俸百金，倡族人重新，完其中宫"。[38]董其事者之一的十二世丁而祚（字世美，号吉人，1615—1704年）曾作"告白"，呼吁族人捐资重修祠宇。《吉人公倡义鸠众重建祠宇告白》云：

大宗祠起盖年久，渐次倾颓，曾经合族佥议，其间长短不无不齐，多竞相推诿观望，是以隐忍不设一谋，致祖宗栖神无地，灵爽抱恨，此甚非孝子顺孙之所为也。愿诸叔兄弟侄深念本源，有自孝敬为心，须速会同公议，权宜措处，秋后预备石木，乘明年大利，择吉兴工。则大事有成，新祠亦可刻期告竣，庶不至道旁之筑，方免外族之讥。祚自愧才拙言疏，不敢齿及，以起居逼近祠宇，稔知其详。为祖痛心，敢陈始末，希祈情谅，万勿罪督！披诚沥恳，耑此禀白。[39]

经丁炜"捐俸首倡"，"诸叔父兄董其事，不遗余力"，而"中堂聿新"。[40]

二是"宴堂及周庑相继颓圮，中堂旋即生蚁"，康熙四十三年（1704年），"佥议循三宗祀议，拓募子姓有能捐四十金并力重新者，录其功，追报其祖考妣神主入庙袝享，得十一人董事"，修中堂，并建宴堂、周庑及牌楼。[41]

三是雍正元年（1723年），"重新大宗祠牌楼"，十四世丁朝瑞（字尊伯，号惠亭，1671—1751年）"倡首肩任，不敷凑足，共成美举"。[42]

四是"道咸间，后进及两庑倾圮"，"增广生大业，国学焕然、监堂，只就殷户捐修"，但

因"族中多故，弗及蒇事为憾"。[43]对当时的募捐修祠的情况，可从十八世丁大业于咸丰四年（1854年）撰《建议募题客宁诸宗人充公劝言》了解其大概：

> 窃闻人之有祖先，犹水之有本源，木之有根荄也。我丁姓聚族陈江，于今几五百年矣，而食指众多，称巨族焉。且累世诗书登科第、列显宦者，代不乏人，夫非祖宗之流泽孔长欤？慨自十世午亭公自俸金鼎建祠宇以来，相承日久，从前规条严肃，课祀之费有所从出。迩来人心日薄，风俗日偷，祖宗祀业殆不可问，以致课祀之费俱有阙失，此为人孙子者所不忍闻，与不忍见者也。前年大宗倾圮，后进及两庑经已鸠众捐资修葺，而铺砖、髹饰、竖匾及清濬沟涵，与夫安土等费，课祀各项，因捐数不敷，遂至中止。所以然者，皆因族中财帛万不如前，是以难之又难，以致束手无策。然断何为事也？阖族人丁成万，虽贤愚不一，而清夜自思，忍听祖宗之血食有缺与国课有亏乎？断不可以已矣。去年曾金议有能充银一百二十元者，许其晋考妣神主入祠，春秋配飨，将所充主银建置祀业，以供课祀之用，而族中有力者绝少，不能举行。兹不得已再集族众相议，谓我丁姓外出经营者甚众，在浙生理称饶足者实繁有徒，因金议举一刚方直有声望者，到浙与诸宗人劝捐，以及贤子孙喜进其考妣入祠者，各尽孝思，庶几集腋成裘，共建义举，俾祖宗千万世有血食之报，而子孙千万世有善述之称也。讵非今日之急务，而深有望于孝子慈孙哉！是为劝。[44]

尔后，十五世丁廷兰（字子琛，号文炷，1834—1911年）在咸丰九年（1859年）"与广文、庆煇，茂才摘藻、宝书，职员一梅，国学占梅、鸿题、仰南、金书诸伯叔出为募捐，并族之贾甬者鸠资来充，绩成其事"。[45]

五是光绪十五年（1889年）"堂庑门楣均将就圮"，旅居宁波经商的族人"殷殷倡修，复汇来六百金"，委丁廷兰董其事。"但土木工役为费甚巨，而捐充尤难，族众有以破例厚充祔祀中龛之说进者"，"得孝思者四人，各充八百两。惜阻于外事，动费过半，乃复募入右石龛两人，各充八百两"，由丁廷兰与丁茂才、丁鸿元董事修葺，"以成其美"。[46]

1982年7月，丁氏宗祠被列为晋江县"第一批县级文物保护单位"。1984年，"蒙省政府资助二万元，县府拨款一万元，吾族自筹三万元为维修计"，于"甲子桂月兴工，是年腊月告竣"，对"年久失修，蠹朽中空，苟不修葺，行将倾圮"的祠宇，进行了一次"整旧翻新，复其原貌"的修缮。[47]1997年12月，因宗祠门埕石板断裂破损，泮池污物淤塞，由回族事务

委员会组织，花厅口斯兰公司、岸兜和木、溪边思强和水源等捐资10万元，进行修整，门埕石板重新铺设，清理泮池，四周砌石，立以护栏。[48]

丁氏宗祠虽屡经修理，然终因年代悠久，岁月沧桑，中堂、后殿、两庑之屋顶破损雨漏，椽桷、木柱严重腐朽。由于1984年的修缮规模不大，若不加抢修，有倾塌之险。族人无不以祠堂岌岌可危之势而朋兴"务当整修"之议，特别是近些年来"泉州灵山丁氏祖墓群"修建完善，《陈埭丁氏回族宗谱》编纂行世，唯宗祠将圮而无修，"实有负先祖之劳心，亦显失后裔应担之职责"。[49]为此，陈埭镇回族事务委员会即会同有关人士对宗祠进行检测鉴定，一致认为务必重加翻建。在省、市文管部门的支持下，聘请三明市文物古建筑修缮工程处对宗祠进行全面勘测、规划、设计，编制修建方案。2000年12月10日，由陈埭镇回族事务委员会向晋江市文物管理委员会递交了《关于省级文物保护单位陈埭丁氏宗祠整修的请示报告》，同时酝酿成立了"陈埭丁氏宗祠修建委员会"，并发布《重修陈埭丁氏宗祠告宗亲书》，号召全体宗亲"积极响应，群策群力，慷慨捐资，为重修丁氏宗祠做出奉献"。议定为捐资者"在祠堂树碑志其芳名"、"影雕肖像"或"以汉白玉雕塑其像并做生平简介"，以"表彰先进，永垂后念"[50]，海内外宗亲踊跃捐输，共募人民币255万元。为做好宗祠的整修工作，特别制定了《陈埭丁氏宗祠修建委员会章程》，健全组织机构，明确集资办法、现场施工和财务管理制度。召开回委会全体成员和七村党支书、村主任以及陈埭片老人总会正、副会长联席会议，商定修祠大事，签订《共同责任书》，重申分工，各司其职，以切实保证宗祠修建工程的顺利进行。2001年2月8日下午，在宗祠举行福建省、泉州市、晋江市三级文物管理部门审议修建丁氏宗祠会议，参加会议的领导、专家、代表听取了宗祠修建方案，进行现场考察，就修旧如旧为原则、保证施工质量是关键提出建议，达成共识。2001年6月4日，由晋江市文化体育局向福建省文物局提交《关于申请审批陈埭丁氏宗祠维修方案的请示》。6月19日，福建省文物局下达了《关于陈埭丁氏宗祠维修方案的批复》。宗祠维修工程由三明市文物古建筑修缮工程处负责施工，"鸠工购料，于2001年荔夏启土，腊冬告竣，共费人民币一百余万元。遵照文物保护法修旧如旧的原则，规模结构悉依旧制，而建筑风貌焕然一新"[51]，经三级文管部门组织专家验收，评定是"闽南宗祠建筑维修的一个典范"。[52] 2002年9月20日，举行了隆重的丁氏宗祠暨陈埭回族史馆重修落成庆典。

陈埭丁氏宗祠，自明永乐间肇建，到今重修的宏大规模，已经有了近600年的悠久历史。这不仅清楚地说明了陈埭丁氏回族深受汉文化的影响，早已有了祖先崇拜这样的观念和行为，而且充分反映了加强和维系宗族共同体的封建宗法家族意识是一脉相承和十分强烈的。

建筑特色

丁氏宗祠位于陈埭镇岸兜村，其坐落地点是丁善遵父命"所居营祠"的"所居"之处，即丁硕德举家迁徙陈江时居住的地方。《聚族说》记载：

> 吾之有陈江也，自祖硕德公者，元至正自城南而迁焉。笃生仁祖，大造于我家，始至居于雁沟乡东南之偏，宅舍孔阳，门植双榕，面揖宝盖，遥负三台，东则大海汪洋，鹧鸪诸山奋若龙蟠；西则紫帽罗裳，森然耸峙。海滨之佳处也。[53]

宗祠石柱楹联云"世祀卜陈江营祠自昔仍初地"，其山川大形、龙脉气势，正如《聚族说》所描绘，真可谓"海滨之佳处"。过去宗祠东南面海，滩涂万顷，海潮至其下[54]；门迎宝盖，名山峙南，基址与著名的宝盖山姑嫂塔垂直相对。虽然今天的地理环境有了巨大的变迁，但可以想象当年那种"祠结东偏红日近，门当南向宝山高"[55]的美丽景色。

宗祠坐北朝南，建筑群体以廊院式组织，即以回廊围合成院，采用闽南传统民居的建筑技术，以砖、石、木构造。这种前前厅，后后殿，中间偏后置设主体殿堂，东西廊庑回围的布局形式，明清以后的建筑渐少见用，也不同于闽南当地民居的庭院布局。宗祠中轴线自南至北为泮池、门埕、前厅、前庭院、中堂（主殿）、后庭院、后殿，除泮池外，南北长49.24米，东西宽21.38米，总占地面积1052.75平方米。泮池为人工挖掘的半圆形水池，位于门埕之前。泮池源于风水术追求的环境理想模式，《阳宅十书》云："凡宅左有流水，谓之青龙；右有长道，谓之白虎。前有污池，谓之朱雀；后有丘陵，谓之玄武。为最贵也。"泮池即宅前被称为朱雀方位之污池，一般在学宫、寺庙、祠堂或大型民居建筑前均辟有这样的水池。泮池和门埕绕以

围墙，与前厅主体墙壁连接，门埕以石板平铺，两边各开设一门。"福建省第三批省级文物保护单位陈埭丁氏宗祠"碑，竖立于门埕右侧。

前厅建筑置于0.3米高的台基上，屋身面阔21.38米一分为三，两侧厢墙为白石裙墙红色封砖，各置一个方形青石透雕"螭虎窗"，饰以盘龙、花草和历史典故图案，精雕细琢，堪称佳作。中间入口处内凹一个步架的空间，闽南将此凹形空间称为"凹寿"。前厅为四檩屋，采用穿斗式梁架，梁与梁间用圆柱相接，显得典雅精致。共三排柱子，步口廊处四根石柱，内侧两根圆形，圆形柱础；外侧两根方形，方形柱础。门扇间四根为圆形木柱，门扇内略去中间两根，只留外侧两根方形石柱。前厅三开间，中间较大，设正门，左右两开间各设一门，"大门及东西厅门，惟春冬及讳晨大开，常时关闭，不许擅自开放"。[56] 红底金字"丁氏宗祠"匾额，高悬正门楣上方，字迹苍劲，熠熠生辉。前厅左右廊心墙上对应各嵌砌两幅石雕，左边前幅上镌题"洛水"，中阴刻山石修竹，下浮雕花鸟；右边前幅上镌题"文山"，中阴刻瑞兽修竹，下浮雕花鸟。左右两边后幅分别镌刻"贻谋"、"绳武"，以及光绪十五年（1889年）冬"裔孙廷兰敬题"的诗两首：

> 洛水宗风庆最长，分支卜筑陈江乡。
> 二千石后宏垂裕，五百年前此发祥。
> 旧说双榕门外植，今仍一塔岭尖望。
> 谱称计部规模远，愧乏涓埃象肯堂。

> 一番考筑一番新，喜得聚书有达人。
> 豹蔚龙骧群竞爽，凤毛骥子齐拖坤。
> 堂开三孝悬旌额，国赖孤忠能致身。
> 况复乡贤孙继祖，增光俎豆重千春。

诗词石刻镶以缠枝花砖雕边框。盘头亦称"水车堵"，堵内用泥塑作为装饰。前厅为硬山燕尾脊顶，分为三段，中段抬高，两侧加垂脊。这种将正脊分成三段，中间高两侧低的屋脊做法，闽南称为"三川脊"。

前庭院开阔，条石铺就，以10米×13米的大尺度，成为宗祠内的主要活动场地。中堂是

宗祠建筑群的中心建筑，台基高0.37米，面阔9.72米，进深14.26米。室内铺设红砖，地坪比门厅高。其尺度与形制是宗祠建筑中的最高部分，整体结构为十一檩屋。入口处内凹一个步架空出为廊，两则山墙保留为廊心墙，使入口的廊呈半围合状，这种做法在闽南建筑中较为常见。整间大厅共有四部梁架，与山墙相接的采用穿斗式，六根柱子伸到屋顶，与檩条相接，横梁直接与柱子榫卯，成网格状结构。明间部分的梁架则采用抬梁式，两根金柱之间承托一根七架梁，梁上接两根筒柱，再承托一根五架梁，以此类推。内金柱与后墙之间承托一根架梁，梁上接两根长形筒柱，筒柱上放置檩条及弯曲的望板，望板与屋顶之间再放一根檩条，构成整个梁架。大厅的进深区分为三个空间：一是入口的前廊；二是前后金柱之间的祭祀、礼仪场所，每年隆重的春秋二祭就在这里举行；三是内金柱与后墙之间设神龛，是丁氏宗族供奉列祖列宗考妣神主的地方。除了进深方向的三段式，在东西方向也分为三开间，中间大，两边小。在这样的九宫格分区中，四根金柱围合的空间是最神圣的中心空间。中堂墙体用白色花岗岩条石为地基，条石上红砖错缝垒砌，墙面上部以前后屋沿为直线砌一道凸出的水平线条，被称为"鸟踏"的线条用两层砖叠砌而成，上层砖平砌，下层砖的断面切成半葫芦状作为装饰。山墙与屋顶相接处是彩色的博风带，山墙头饰有"鹅头"，用灰泥堆塑彩绘的图案花样很多，丁氏宗祠的鹅头饰以祥云彩卷，取富贵吉祥之意。廊心墙正面堰头上部凹入，放置石雕小狮子，这种俗称"憨番怡厝角"的做法用于驱邪避凶，护佑平安。中堂廊心墙上装饰与前厅相似，亦镶嵌有四组青石雕刻，除历史典故、山水花草外，有"敬录雁水公诗词石刻"：一为《本意·渔夫词》"坐占鸥沙香饵垂，一竿春水碧琉璃。风澹澹，日迟迟，闲看蜻蜓立钓丝"，一为《村居诗》"民风饶太古，何必说逃秦？山色随时换，溪花自在春"。最引人注目的是门楣上方的木雕以及廊心墙的石雕阿拉伯文字装饰，特别是镶于正门门楣上方中央用阿拉伯文字组绘而成的鸟形图案木雕，传说是伊斯兰教"祈求真主赐予吉祥与安宁"的"吉祥鸟"。[57]

后庭院较小，进深3米，红砖铺设地面，在中堂与后殿的两幢建筑间显得有些狭窄。紧贴中堂后壁中央，竖立着"旅菲清真五姓联宗总会理事长、菲律宾聚书丁氏宗亲会理事长、二十三世裔孙木德熏沐拜撰，二〇〇二年岁次辛巳腊月□日立"的《重修丁氏大宗祠碑记》，以及"陈埭丁氏宗祠修建委员会、陈埭丁氏宗祠修建工程监督委员会"石碑。

后殿是整个建筑群的结尾，与中堂构成"前朝后寝"。后殿台基高0.26米，室内地坪高过中堂，整座宗祠自门埕、前厅、中堂、后殿分三个阶层逐次增高，蕴含着宗族"蒸蒸日上，步步高升"之意味。后殿面阔三间，左右两间较小，与回廊等宽，梁架部分与中堂结构做法一致，

但规模变小。后殿为八檩屋，七架带廊式，其中后墙上的檩条以墙代替，实际只有七檩，与中堂不同的是，后殿的四根檐柱齐全，中堂省略以扩大空间。后殿的装饰构件从简，正面金柱间一溜的双扇柳条门，两侧面与回廊相接，后墙条石基础、红砖砌墙，屋顶做法为三川脊。后殿安放一世祖丁节斋等汉白玉雕像，以及2002年为重修宗祠捐资5000元以上者的影雕肖像。

回廊在东西两侧，连接前厅与后殿，近后殿处两边各开设一侧门。梁架为五架抬梁式，共有方柱、圆柱48根。向内一边敞开，外墙同为白石裙墙红色封砖，与前厅和后殿连为一体。丁氏宗祠的这种前前厅、后后殿、中间偏后置设主体殿堂、东西廊庑回围的布局形式，明清以后的建筑渐少见用，也不同于闽南当地民居的庭院布局。采用廊院式建筑，使宗祠整体布局构成汉字"回"字形，尤有意思的是后殿东北削角砌筑，使回字口部更与汉字书法转角顿笔象形，这也许是丁氏回族把强烈的民族意识融入宗祠建筑形式中的最好体现。

丁氏宗祠建筑的小式做法亦多具有其独到之处。

木作。宗祠的前厅、中堂和后殿使用杉木门、柱、隔扇，中堂与后殿使用柳条门。为了放大正门的形象，增强大门的气势，在正门两旁各加了一扇余塞板，中堂与后殿的余塞板亦做成柳条门的样式，前厅的余塞板则以镂雕螭纹宝瓶图案的窗格装饰，取其"平安"之意。前厅正门门楣上雕刻有圆形的避邪"门印"，斗拱、雀替以瑞兽、花鸟、人物为雕饰，做工精细，彩绘艳丽，栩栩如生。宗祠内木构架和隔扇的油漆绘画，以黑色调为主，即民俗称"红宫乌祖厝"之作，凸显庄严肃穆之氛围。

砖作。宗祠建筑的外墙以花岗岩为墙裙，上部分用红砖砌筑，用红砖作为墙体建筑材料，流行于闽南、粤东及台湾地区。这种在闽南称为"烟炙砖"或称"雁只砖"、"颜只砖"的红砖，以稻田中的泥土为原料，用松枝烧制，色泽艳丽，规格平整，质地极佳，表面留有堆码烧制时自然形成的深浅色泽纹理，具有很好的装饰效果。丁氏宗祠采用不同规格的红砖，以各种拼接手法，砌筑出多样化的外墙"壁堵"形式，并以砖雕花草图案装饰廊心墙，颇具匠心，令人叹为观止。

石作。以花岗石为建材，既防潮防蚁，又坚固耐久，闽南建筑普遍采用，特别是暴露在外的构件，多用石材而为之。丁氏宗祠的建筑基础、裙墙、埕坪均石作，前厅、廊庑的多数柱子亦如是。廊心墙镶嵌石雕装饰，平雕、镂雕、浮雕技艺精湛，山水花草、瑞兽人物题材丰富多彩。石柱分圆形、方形两种，没有雕饰成龙柱、花鸟柱、蝙蝠柱等，保留了原始质朴的形态，柱面镌刻楹联。柱础则花样较多，可分为扁球状，瓜瓣状和方形等几种样式。扁球状柱础雕饰花鸟，

方形柱础雕刻吉祥如意图等纹样，形象逼真，惟妙惟肖。裙墙石砌方法分有两种，宗祠两侧外墙采用条石表面不打磨，平置叠砌的"碌石"做法；前厅两边的花墙采用的则是"堵石"砌法，即将石材凿切成板状，表面打磨，竖砌成"堵"的块面。花墙台基用长石条做"柜台脚"处理，脚端雕成象鼻状或"雌虎吞脚"等，给人一种不仅美观大方，而且稳定坚固、不可动摇之感。

泥作。宗祠的屋面铺盖筒、板瓦，筒瓦的端部封瓦当，板瓦末端置滴水。屋脊彩绘以蓝白为底，描画花鸟螭纹、人物字画等图案。正脊均采用燕尾脊，并在脊上加灰黑色陶制吻兽作为装饰，立于脊端，民间亦称"泥虎"。前厅垂脊末端的泥塑，有的饰以卷草，使戗脊头增加弯曲变化，美称"草花"或"凤尾"；有的雕饰瑞兽、人物，用于镇邪、祈福。翘首仰望，宗祠屋面的精巧泥作，舒展欢快，赋予人们无限的遐思与想象。

丁氏宗祠以其营造有度的恢宏规制，装点适宜的平实修饰，彰显着它那独树一帜的民族特色。

祖先崇拜

丁氏宗祠里供奉丁氏一至五世祖以及历代有爵有功之列祖列宗神主，通族共同在这里祭祀祖先。然而丁氏宗祠里的神主之设，据丁衍夏《祖教说》记载，其"稚年习见"是"祀不设主"，"厥后"则"祀设主矣"。[58]丁衍夏，字宜昌，号味莲，居十世，生于明正德十三年（1518年），生活在嘉靖、万历时代，当16世纪间。按《祖教说》的这一记载，宗祠里的神主之设，似乎是在16世纪中叶以后才有的，但类似这种"立于宗庙以栖神者"的木主，在此之前便已经出现了。《陈埭丁氏族谱》云：

  按一世至四世祖考妣不设神主，惟制一小木屏列而书之。其阴则我汾祖宦回手书也，纪列祖考妣生卒年月日时及其葬处，至于仁庵公独详。……夏及见之，此木屏毁于倭，今之木屏则再制矣。其阴所纪非旧文也，辞加详矣，旧义失矣。[59]

原小木屏为"汾祖宦回手书"。汾祖即八世丁仪，生于明成化八年（1472年），登乙丑（弘治十八年，1505年）榜进士，历官四川按察司佥事，卒于正德十六年（1521年），享年49岁。小木屏之制，显然在丁衍夏"稚年"之前。做一小木屏列书一世至四世考妣来供奉，实质上就是一种神主牌位之设。这与今祖厝或祠堂神龛中因所供奉的祖先神主阶满难于容纳后来者，择日把早逝的若干木主烧毁，同时将其忌辰抄录入族谱，并逐一记录在一个特制的小木屏上排在神龛中继续供奉的那种被称为"化主"的做法，其性质是一样的。还有谱牒记载祠堂里有"士夫宿儒题其赞"的仁庵"遗像"[60]，这幅遗像，"乃同系诏狱名画笔也"，是仁庵被逮系京师狱中有写真者"索纸为公图小影片幅以遗公"，出狱时"其小影夹置衣领中以行"而带回家来的。[61]此公像后

018

来被奉为"岁祀瞻拜"之对象[62]，这样的祀拜一定是在仁庵去世后便开始了，比起小木屏之设还要早得多。

丁衍夏所说的"祭不设主"，很显然他是不把画像和小木屏看成为后来"祭设主矣"的那种木主而言的。但"祭不设主"清楚地表明了在所谓设主之前，已经有了祖先祭祀活动，只不过是没有设木主罢了。画像和小木屏之设虽然与木主在表现形式上有所不同，但实质上也是一种设主。在设木主之前的祭祀，无疑是以瞻拜画像和供奉小木屏而展开的。这样的祭祀活动就是一种祖先崇拜。因此如果我们把丁衍夏所云"祭不设主"视为当时丁氏没有祖先崇拜的观念和行为，并推之宗祠只是一座供族人做礼拜的清真寺，那是有悖客观事实的。可以说，设主的形式并不那么重要，关键在于祖先崇拜观念的确立和行为的存在。尽管通常的那种神主之设，迟在宗祠创建之数十年后，然而宗祠的建立是祖先崇拜的标志，其功能是一样的。

大宗祠供奉丁氏之祖先，可是能予晋主者是有条件的，"我族大宗祠之建，崇奉列祖，五世而下，有爵有功者得以祔食"。[63]丁氏之一至五世祖，一世为丁谨，《纂述世谟》载"吾家之祖，惟节斋府君为有据，已不能得其所自迁矣"，则"断以节斋府君为始"。二世丁嗣和三世丁夔单丁过代。四世四人，泰殇，实（字仁忠，号朴斋，1347—1420年）止，朗乃"芽之旁出"，"祖祠不许混进"而"祀于私室"[64]，"表者惟善"。故《丁氏族谱》云："始祖节斋公与夫四世祖仁庵公，厥公懋矣，故祀之于无穷，均为永世不迁之祖也。"五世即丁善，所传三子，长妈保，次观保，三福保"为鼎立三房之祖"。丁氏家族由五世开始分宗，"子孙随所继世而祀焉"。[65]于是一至五世之谨、嗣、夔、善、实、妈保、观保和福保八人，被尊奉为丁氏通族共祀之祖。

丁氏家族自五世以后，生齿日繁，族日以大。五世以下之列祖，只有"有功有爵者"才能入宗祠"祔食"。丁启濬《三宗祀议》云：

> 我始祖节斋公，方胜国时，从姑苏南徙，四叶单传，合葬东塘。中值仇家之难，扫除不时，夷为守者之居，子孙太息。我金宪方昼绣之初年，承先公之严指，七日秦庭之哭，义不戴天，一朝泗水之浮，魂归埋玉，苍苍郁郁，三千之气弥佳；子子孙孙，一发之钧不坠，且甲第为破天荒之始，在宗祊有旋地轴之功。亦越五世，而我中宪公显念仁祖拓基启宇一旦圮于兵燹，缵封翁裕后光前，百年增其式廓，购东西之丙舍，拓庙享之中堂。岁时伏腊，申历代之旷仪。谱牒备明，辑一宗之巨典，以忠厚正直培元气。盖逾六十余年，以文章道德祀瞽宗，大允乡闾众论。有子计部公蚤成进士，益广先猷，乍予告以归田，首阅祠而考

筑，环居子姓。盖落落于重迁，昂直受金，举欣欣而他徙。前辟朝庭，后营寝室，恢以两庑，亘以修垣，翼翼如也，言言如也。斥俸金八百余两，不召宗人一钱，在乡人二百年来，皆谓睹未曾有。嗟乎！行墟墓者生哀，况值周原之改物；视榱桷者思敬，奈索郑赋之实难。惟三公接武登朝，位皆不配其德；惟三公敬亲率祖，功均可祀于乡。隆往所以劝来，配享允孚舆议，爰稽故事，用副嘉辰，谨涓王正望日壬戌之吉，送主入庙，永光祀事。继今以后，凡仁祖之子姓，有爵有功者，俱得祔庙配食，世有盛典，顾不休与谨议。

晋主大宗祠的"三公"是八世"明赐进士奉议大夫四川提刑按察司佥事"丁仪、九世"明赐进士广西梧州府知府诰赠通议大夫刑部右侍郎"丁自申、十世"明赐进士承直郎南京户部江西清吏司主事"丁日近。这种"有爵有功者俱得祔庙配食"的晋主制度的建立，无疑大大地鼓励了族人的仕途进取和为宗族做出贡献。

清康熙间，宗祠"开晋主之例，为重新之资"。康熙四十三年（1704年），因宗祠颓圮，"佥议循三宗祀议拓募，子姓有能捐四十金并力重新者，录其功，追报其祖考妣神主入庙祔享"。[66] 此次捐资晋主"获十一龛"，其中有捐资以使自己的祖妣晋主宗祠者，十一世丁若榆（字孚佳，号象庭，1576—1652年）便是由其派下上下房（十二世）捐公银17两及孙子（十三世）丁秉璋（字唐友，号质轩）出银八两和曾孙（十四世）丁颐等出银20两"以成其事"的。[67] 也有房支集捐以让本房之共祖晋主宗祠者，七世丁瑢（字朝璧，号敦朴，1427—1477年）神主之进大宗祠则是其例。《福建泉州南关外陈埭丁氏执斋公图谱序》载：

> 康熙乙酉，阖族佥议重修大宗祠，费用浩繁，因开例有能充银四十两者，许晋祖考妣神主。长兄颐，素体王父吉人公、父德轩公尊祖敬宗至意，喜其千载一遇，等而上之。若龙祖、若敦祖，为我一派之六世、七世也，力议循例充银。时敦祖祠宇告成未几，蒸尝寝薄，鸠众又艰。用晋九世祖考妣于敦祖祠，出白金八两，合共五龛，得银四十两，以成敦祖晋入大宗祠之举。[68]

然而，捐资晋主乃不得已而采取的权宜之计，宗人于第二年（康熙四十四年，1705年）便立约"永不为例"。族谱载《长二三房晋主合约》云：

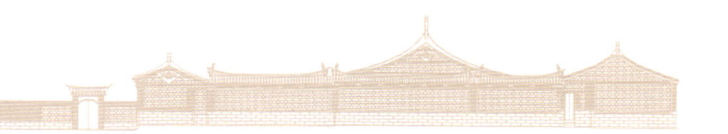

　　大宗祠倾圮多年，缘费银未有设处，故兴建之事，叠议叠止。兹值大利，择九月十三日兴工，依祖制鼎新以就，丁鸠银未得成事。阖族公议，有能充银四十两共成斯举者，许晋祖考暨妣入祠，春秋配享。此系权宜，事竣之日，永不为例。仝立公约为炤。[69]

进入大宗祠的神主，列位是有区别的。"吾宗自宫保蓼初公立三宗祀议，凡仁祖子姓有爵有功者俱得祔庙配食。缘时所祔者搢绅及各支祖而已。厥后瓜绵椒盛，循议捐充叨光祀者，代有其人，中龛之阶几满"，因此，"前辈乃议增左右两龛为捐资者祔，而中龛留为搢绅禄位"，以"激励后人优待搢绅者"[70]。

尽管族规如此，但迨至清光绪间，又一次"破例"。由于宗祠"堂庞门楣均将就圮"，"土木工役为费甚巨，而捐充尤难"，"族众有以破例厚充祔祀中龛之说进者"，丁廷兰"初以前规不可自我而越"，但"告既而思，庙貌素严，固可蒙安袭故，若夫榱桷将朽，曷尽恧著爱存。爰循众议，襄兹善举"，后"得孝思者四人，各充八百两"，"复募入左右龛两人，各充八百两"[71]，祠宇得以重修。此后又制约云：

　　此番进主之举，洵属越规而为，而各户捐充之资，亦实加厚之至。特念祠宇所以妥先灵，不得不计出权宜，以徇众议，嗣后中龛则仍永远为搢绅禄位。盖一以副前辈优待搢绅之美意，一以免后来有志观光之良法，勿蹈斯举之僭越也。[72]

据族谱记载，截至清末光绪年间（1875—1908年），以通族共祖及入仕晋主、捐资晋主而崇奉于大宗祠内之丁氏祖考妣127位。各谱所载见有错漏，整理抄录如下：
一世节斋、荣寿陈孺人
二世述庵、顺正陈孺人
三世硕德、贞淑苏孺人
四世仁庵、淑懿庄孺人
四世朴斋、蔡氏孺人
五世毅庵、宜家蒲孺人、懿恭王孺人
五世诚斋、精玉陈孺人
五世英杰、懿德施孺人

六世龙隐、仁懿陈孺人

六世中斋、仁寿蔡孺人

六世怡斋、慈阃蔡孺人

六世毅斋、静顺尤孺人、徽柔黄孺人

六世纯斋、孝慈李孺人

六世素履、慈节洪孺人

七世节轩、慈淑庄孺人

七世敦朴、宽泰傅孺人、慈爱王孺人

七世澹斋、贞顺颜孺人

七世明恩例冠带乡饮大宾九十一翁颐隐

七世养静、宽裕龚孺人

八世守素、顺约王孺人、贞一王孺人

八世明廷试贡元浙江金华府金华县儒学训导署金华县知县平庵

八世英睿、顺制颜孺人

八世静庵、淑慎杨孺人、淑贞金孺人、宽厚邵孺人

八世明赐进士奉议大夫四川提刑按察司佥事汾溪公

八世明敕封承德郎南京工部营膳司主事后吾

九世明赐进士广西梧州府知府诰赠通议大夫刑部右侍郎崇祀乡贤槐江

九世则古、慈顺蔡孺人

九世明乡进士文林郎九溪

九世明敕赠文林郎广东广州府增城县知县乡饮大宾中汾

十世简斋、明德杨孺人

十世明诰赠通议大夫刑部右侍郎肖槐

十世明赐进士承直郎南京户部江西清吏司主事午亭

十世明赐进士广西都使司佥事署都指挥佥事蓬江

十世明乡进士奉直大夫直隶和州知州乡饮大宾八十一翁瀛江

十一世明赐进士通议大夫刑部左侍郎赠尚书哲初

十一世明乡进士奉训大夫广东崖州知州五从

十一世象庭、勤慈黄孺人

十一世青紫、慈惠潘孺人

十一世清赠文林郎顺天永清县知县东畴

十一世明岁进士文林郎广东合浦县知县衷瑾

十一世对峰、盛俭陈孺人

十一世槐泉、贤范李孺人

十二世乡进士特授广东潮州府西营守备晋阶怀远将军乔初

十二世清诰赠朝议大夫兵部武选清吏司郎中加一级颙初

十二世清恩进士奉直大夫陕西庆阳府宁州知州加一级候补知府雨航

十三世清诰授通议大夫湖广湖北等处地方提刑按察使司按察使雁水

十三世五十一翁刚度、勤慈庄孺人、慈顺蔡孺人

十三世朴庵、勤惠张孺人

十三世宗仪、勤俭庄孺人

十四世例赠文林郎乡饮大宾质直、素惠王孺人

十四世电生、勤节李孺人

十四世岁进士例赠修职郎毅轩、淑静柯孺人

十四世郡庠生八十七翁馨德、慈寿吴孺人、慈顺吴孺人

十四世特恩岁进士八十六翁学瑾、淑慎张孺人、勤素苏孺人

十四世纯庵、勤肃柯孺人

十五世七十二翁厚轩、慈淑陈孺人

十五世例赠修职郎果德、淑贞王孺人

十五世诒燕、贞淑蔡孺人

十五世恩荣乡饮大宾七十三翁诚轩、慈惠吴孺人

十五世六十五翁坦轩、徽懿蔡孺人、顺瑾李孺人

十五世乡饮大宾乐义、端厚郑孺人

十六世七十七翁瑞庵、冰玉王孺人、宽厚吴孺人

十六世恩荣顶带乡饮大宾八十一翁信溪、柔惠苏孺人

十六世国学生六十九翁瑜溪、慈懿陈孺人

十六世诰封奉直大夫树轩、贞惠林孺人、柔惠徐孺人

十七世国学生慎斋、善慈施孺人、顺谨张孺人

十七世国学生敏斋

宗祠里的神主毁于20世纪60年代，2002年重修宗祠，复置中堂神龛，按以上历代祖宗考妣重制木主入龛供奉，同时增晋八世古素暨陈氏孺人、十八世诰赏五品花翎钦赐名达九重星南暨夫人、十八世惟苋暨林氏孺人、十九世清咸丰壬戌科举人授福州长乐教谕廷兰暨夫人、十九世旌表孝女谥志贞义姑讳牵娘、二十世清光绪丁丑科进士任广东即用知县寿泉暨夫人。

在陈埭丁氏回族社区，作为崇拜祖先的场所除了大宗祠外，还有小宗祠。现存丁氏小宗祠六座，即花厅口五世"毅庵丁公宗祠"和六世"中斋丁公宗祠"，坪头六世"毅斋丁公宗祠"，岸兜七世"敦朴丁公宗祠"，江头八世"古素丁公宗祠"和十二世"道振丁公宗祠"。小宗祠的建立，是该房支势力和财力的显示，是"盛房"的体现。通常是一脉相传的房支子孙衍盛，一则祭祀时子姓瞻拜场所难于容纳，二则雅推甲族，追思祖宗之功德，因之鸠资修建。康熙三十九年（1700年），十三世丁德轩（讳秉奎，字娄文）命子颐（字正伯，号慎亭）与本房议设小宗祠，敦朴丁公宗祠便这样建造起来了。[73]有的是该房支子孙入仕为宦，为了荣宗耀祖而捐俸倡修，建于明正德年间的毅斋丁公宗祠，创自"历官四川按察司佥事"的八世丁仪则是其例[74]。大宗祠之下的小宗祠，分宗之祖祠也，是丁氏祭拜祖先的中层单位，以房祖及其派下列祖考妣为崇奉对象。晋主小宗祠也并非无条件的，亦必须是本房支之有爵有功者。

祖先崇拜，强化了同宗共祖的认同思想，巩固了慎终追远的传统信念，是维系宗族血缘亲情关系的精神支柱。

祭祀礼仪

祭祀仪式是祖先崇拜的一种具体表现，宗祠每年举行祭祖活动，有正月元春和十一月冬至之祭，即所谓"春冬二祭"。《礼·王制》载，天子诸侯宗庙有春夏秋冬四时之祭，春曰祠，夏曰禘，秋曰尝，冬曰烝。《大宗祠春冬祭文》所云"值兹开泰，禴祀是煌；阳复，烝祀是煌"，指的就是春冬二祭。族谱《祀约·按》载：

> 按礼有庙祧、坛墠及鬼之制，以祖之远近为别也。祖有高、曾及祖之称，而服缘之不同也。若然，则有终身之丧，忌日之谓者，不宜于远祖，而皆通矣。由此义求之，则自高祖而下，忌日之祭宜也。自六世祖而上，不宜杀耶。若然，则远祖不祭矣，可乎？在礼，士、庶人于远祖无祭也。其曰冬至祭始祖，立春祭先祖，乃天子、诸侯之礼也。故程、朱疑其僭，而后不敢行也。然岁首称庆，自天子达于庶人，共用于亲，不云僭也，何疑于冬至之祭祖？窃以六世以上之祖，祭不忌日，而以冬至宜也。[75]

丁氏宗族遂遵"礼制"以祀祖，并以列祖考妣自始祖至五世，不以忌日之祭，而以冬至之时祭祀之。除通族共襄之春冬二祭外，得以晋主祔享的房祖，派下宗人逢其忌日，也进祠堂祭拜。五世诚斋，虽共祭于冬至，而其直系子孙又于他的忌辰六月初五日设祭，且以"六世祖伯仁德公、龙隐公、中斋公，考毅斋公，同祔食，尚飨"。[76] 又如《象庭公祭约引》载："今岁（道光十二年，1832年）元月九日为象祖讳辰，诸叔兄弟侄相议于大宗祠瞻拜享祀"。[77]

正如前面论及的宗祠神主之设一样，祭仪方面在16世纪也发生了重大变化。丁衍夏在《祖教说》中详细记述了他"稚年"和"厥后"以及"今"，即在嘉靖初、嘉靖中、嘉靖末万历初，

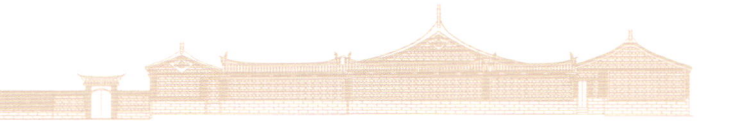

所经历的三个不同时期的变化情形。兹将《祖教说》载之于下，使我们对陈埭丁氏回族的宗教信仰以及在祖先崇拜礼仪的变革过程中有一个比较全面的了解。《祖教说》云：

> 吾家自节斋公而上，其迁所自出，俱不得而详也。由其教而观之，孰乎若上古风气之未开然也？如殓不重衣，殡不以木，葬不过三日，封若马鬣而浅，衰以木棉；祀不设主，祭不列品，为会期，面相率西向以拜天。岁月一斋，晨昏见星而后食，竟日则枵腹；荐神惟香花，不设酒果，不焚楮帛钱；诵清经，仿所传夷音，不解文意，亦不求其晓，凶吉皆用之。牲杀必自其徒而后食，肉食不以豚。恒沐浴，不清不以交于神明。衣崇木棉而不以帛，大率明洁为尚也，夏稚年之所习见矣。厥后殓加衣矣，殡用木矣，葬逾时矣，衰麻棉半矣，祀设主矣，封用圹矣，祭列品而加牲矣，务肥腯矣。天多不拜矣，斋则无矣，牲杀不必出其徒而自杀矣，衣以帛矣，交神不皆沐浴矣，酒果设矣，楮帛钱焚他神矣。祀先则未用也，香花之荐犹故也，不豚犹故也。今则祀先有焚楮帛钱者，牲杀不必自杀与其徒者，衰皆以麻无用棉者，葬有逾十余年者，吉凶有用黄冠浮屠者，食有以豚者。

丁衍夏亲身经历的所见所闻说明在16世纪初丁氏宗族还保持着伊斯兰教的礼拜、封斋之教仪时，祭祀祖先的活动是与之并行的，不同的是"祭不列品"。当我们由此而与前述宗祠的建立、仁祖画像和记列祖忌辰小木屏之设结合起来推之，可以毫无疑问地认为既信仰伊斯兰教，又崇拜祖先在丁氏宗族中并存了一个很长的历史时期，而且这种现象在丁氏迁居陈埭后就开始出现了。以下的事实进一步证明了这一点，六世丁敏（字廷学，号毅斋，1405—1456年）祷雨于五峰山龙潭。[78] 七世丁庚（字朝亿，号颐隐，1445—1535年）尤为如此，东塘三世合葬祖坟被守者侵没，丁庚言及泪下。子丁仪成名，奉使过家，"责令清理，方许就仕，曰：人忘其祖，奚以官为也"。[79] 嘉靖十一年（1532年），"旱魃为虐特甚，郡守屠公躬祈，四望莫孚。公年及颐矣，入见郡庭，步趋如少年，屠守降阶问所言，公陈父祖夙昔祷五峰山龙潭之应，屠守欣然命驾以往。公继言曰：'非诚，不足以格也。'屠守敛容修仪，躬诣致祷"。[80] 崇祖观念之强烈和信奉他神之虔诚，在颐隐身上得到了充分的反映。

以上事实着重在于表明，陈埭丁氏从一开始就受汉文化的影响而树立祖先崇拜的观念。不过，他们在祭祀祖先时，却是采用其民族的固有习俗——伊斯兰教习俗而进行的。这不仅可见于《祖教说》所述，而且族谱也记载了不少典型的例子。七世丁德（字崇新，号少逸，1448—

1534年）"惟祖先祀事，旬日戒，且必诚必腆。治器皿，干衣服，斋沐三日，乃与神交，率为常"。[81] 生活于同时代的丁庚"当祭必沐，无间寒暑，老亦犹壮。牷牲预时择之，日再省视，务极肥腯，告充以荐，方惬其志"。甚至连八世丁仪"首登仕籍，以士大夫之于礼祀于先"，也是"回教未敢有违"也。[82] 丁氏接受了汉族的传统观念，但没有背离伊斯兰教习俗，其崇拜祖先是以汉族的传统观念与伊斯兰教习俗结合的表现形式而出现并存在的。

然而，随着丁氏回族的日趋汉化，淡化了伊斯兰教信仰，崇祖观念得到了加强，伊斯兰教习俗逐渐变革，祭祖仪式则向着"渐变以合于礼"发展。应该指出，丁衍夏的一生正处于丁氏回族宗教习俗发生变革的转折时期，他所耳闻目睹的丁氏宗族在祖先崇拜方面的诸多变化，并不是祖先崇拜观念的产生和形成的过程，而是崇拜祖先仪式的不断汉化。在从"祭不列品"到"祭列品矣"的一系列变化中，不可避免地出现了紊乱现象：

> 近虽品增于昔，而多寡惟宜；直祭供办，而彼此莫同。用裹味而贵多品，则后者虽为继，非所以一孝思而明洁斋也。且忌日不知迁主而混设于祖龛，非所以尽一日追慕之诚也。古者笾豆俱偶，偶者阴数，交神当阴，从其数也，礼云"四簋六瑚"是也。今俗尚五，五则阳数，以阳求阴，非理幽之道也。[83]

于是代表着丁氏宗族士绅阶层的丁衍夏发起制定了《祀约》。一场倭乱的浩劫，遂成祭仪改革的契机。嘉靖四十年（1561年），宗祠遭倭寇焚毁。次年，丁衍夏避难返乡，"先而卜筑于斯，以栖列祖之神"。由于"时异势殊"，"时祭乃古昔之制而不能复"，唯"祭以生卒之日"。故丁衍夏于"岁在壬戌（嘉靖四十一年，1562年）读礼之日而直备祭之年，于是略仿古人之制，酌今之宜，为吾家宗庙祭祀定式"：

> 生卒之日祭均其品，而卒日之祭加一全牲，牲用少牢。吾祖大夫之后，祭用死者之分，因而俱用之，衍先世之遗荣也。牢不熟荐，取古者血食义也；牲必由畜，重止十勋，取古者用犊之义也。不牢则鹅，鹅者吾家故用为牲，务极肥腯，从先祖之遗训，不可以不恪也，必如是而后可以告充也。牲置于俎，而品陈于豆。豆行各六，为行者五，五六三十，当地之数，阴之全也。次牲以果，果以时也如时无果，干者代之。次果以蒸食糕包、馒头、糙饼之类，次蒸食以脯醢、羊肉、肝蹄、鸡鸭之类，次脯醢以河海之鲜鱼、虾之类，次鲜食

以畦圃之蔬瓜果、豆腐之类，俱以充豆而止，豆各一味，慎不可偶也。古者盛黍稷以簠簋，今代以瓯，实面饭羹茶以四为列，注酒以盏，挂箸于旁。至日，陈设于堂，迁主以祭，序立跪而上香，参神四拜，跪而酹酒。读祝献者三，复位。致拜者四，焚祝送主。然后割牲分馔，聚其主所出之子姓而享之，六人一席。席设时果一，蒸食二，牲与脯醢鲜蔬各二，酒七行，饭以饱为度。清明祭于墓，品如之。岁暮合祭于祖龛，品如之，惟瓯以主增。此虽未必尽今昔之制，庶几为可继之规。先簿正祭器之义，若必诚必慎，必精必洁，则在孝子慈孙之自尽矣。[84]

丁自申接着作《祭约引》敬告族人："庶几丰无侵费，俭不废礼，此议之经久而可行者也。其直祭与与祭之人各有仪式，宜相恪守，不惟上可以申追远之念，且下亦不失故家之风。今将设祭品物与合行仪节条开于左，敬呈于列位尊兄宗长并贤子弟质证焉。凡我族人，共守无斁。"[85]《祀约》是16世纪后半叶丁氏回族伊斯兰教习俗发生变革的产物。然而，值得注意的是，尽管祭祖仪式"渐变以合于礼"，但是"独当忌之日前一月，畜一牲别牢以食之，有古者涤牲之遗也；先一日扫室、涤器、荐花、燃烛，有古者致斋之义也"，其依旧保存了丁氏祖教之遗俗。而对这样的变化，丁衍夏认为：

虽渐变以比于礼，而于非礼之所出者有之，于明洁之尚，吾见其皆莫之省也。呜呼！君子论礼有曰："本于其国之故，不求变俗。"又曰："有可变革，有不必变革者，在乎省其宜而行之也。"宜者何？天理人情之宜也。苟于天理人情而无害者，何必变之以徇世俗之私乎？今于其变者而知裁之以礼，斯善变矣。若意出于明洁，心存于诚敬，则宜深念而慎守，相期以勿变也。[86]

他还对有失"家法"的做法提出了批评："夏家旧得此意，是以牲必涤、必充，必亲黍稷，必自治而后敢为饴。今而渐有不然也，临时而取之市，笾豆具矣。其如洁何？其如诚何？失能享之之义。"[87]丁衍夏对于"祖教"变革的认识，代表了宗族的士绅阶层。他们一方面强调祭祀仪式要合乎于礼，另一方面又提出"家法不可以不守"。士绅阶层所倡导的这种礼制与家法复合的祭祀形式，既便是在"槐江公、午亭公、哲初公三世联登甲榜，家声振矣，回教曾几乎息"的情况下，也是"于祖制未忍尽更，惟时礼用九拜，饮宗老、燕子衿彬彬然，有尚齿、尚贤之

风，猗欤盛哉"。[88]

但是，在《祀约》制定一个世纪后的清代初年，时势又一次发生了巨大的变化，出现"今回教已矣，文物不振，子孙罔忌，过庭鲜诗礼之训，入庙无尊敬之思，有乖祖制，殊失礼仪"的局面。时身居"诰授通议大夫湖广湖北等处地方提刑按察使司按察使"的丁炜看到这番"礼仪崩，祖制坏"的情景，忧心忡忡，他利用身为仕宦在宗族中的威望和影响力，再一次以"礼"来框定祭仪的规例。丁清《祭仪纪言》记云：

> 雁水侄假归，闻而忧之。适值我汾房直祭，商予采《文公家礼》，裁定三献以为家规。夫礼之宜遵，岂特一家哉！礼明则分定，则亲亲长长之义，于是乎推斯举也，纵不敢云纯备，而敬祖睦族之意亦可少伸万一。尔合将仪则，其具列于左：赛典赤回回瞻思丁氏，遵《文公家礼》，酌定春冬祭仪。[89]

族谱详细记述了所制定的春冬二祭之祭祀规例。备办祭桌12席，每席订钱950文，祭品订18味，即全鸭、牛肚、牛肉、肋、鸡、羊肉、目鱼、煎、状元糕、珠包、芋、蟮、香菇、蛏干、虾米、鱼、蓼花产、面干、菜汤、饭等。牲以全羊一只（20世纪50年代前由祖坟地水午林提供）。各祭桌并备酒瓶一，茶瓶一，酒盏、汤瓯、茶杯、牙箸各十二，香炉、烛古、桌裙、拜单各一。[90]

参祭者为房长、宗老、主社，余则绅衿、宦裔及读书应试子姓，不得混争。届期质明盛服入祠供茶、设位、陈馔。主祭者"以爵爵同论齿"，其到祠，传炮一声。陈馔毕，传炮二声。子姓祭毕，传炮三声，随即行礼。绅衿、宦裔行初献礼，取尚贤之义；饮胙宗老，行亚献礼，取尚齿之义；宗侄、宗子行终献礼，取继祢之宗之义；读书子姓另行恭拜，取奖劝后学之义。[91]

祭祖仪式的核心是"祭之以礼"，心存敬畏，虔诚信奉，让祭祀者从心灵深处产生一种对"继承祖先血脉"的崇高感，更使祭祖这种独特的程式弥漫着静严肃穆的气氛。其"班仪式"是：

> 绅衿、宦裔、读书子姓，照世升阶行礼，序立，班齐，降神一揖。
> 主祭者诣盥洗所，盥洗。
> 主祭者诣香案前，焚香。跪，上香，再上香，三上香。读告词。俯伏，兴；拜，兴；拜，兴；拜，兴；拜，兴。平身。
> 主祭者复序立位，鞠躬拜。众通拜，兴；拜，兴；拜，兴；拜，兴。平身。

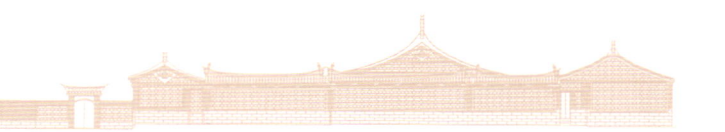

主祭者诣中座列祖考妣神位前侑食，陈馔，拜，兴；拜，兴；拜，兴；拜，兴。跪，上香，再上香，三上香。酌酒，献酒，再献酒，三献酒，遍斟酒。进肝，进面，进大羹，进食，进饭，进铏羹，进茶。俯伏，兴；拜，兴；拜，兴；拜，兴；拜，兴。平身。

主祭者诣东座神位前陈馔，拜，兴；拜，兴；拜，兴；拜，兴。平身。跪，上香，再上香，三上香。酌酒，献酒，再献酒，三献酒，遍斟酒。进肝，进面，进大羹，进食，进饭，进铏羹，进茶。俯伏，兴；拜，兴；拜，兴；拜，兴；拜，兴。平身。

主祭者诣西座神位前陈馔，拜，兴；拜，兴；拜，兴；拜，兴。平身。跪，上香，再上香，三上香。酌酒，献酒，再献酒，三献酒，遍斟酒。进肝，进面，进大羹，进食，进饭，进铏羹，进茶。俯伏，兴；拜，兴；拜，兴；拜，兴；拜，兴。平身。香案前跪，众通跪。

读祝者就位，跪，乐止，俯伏，读祝文。兴，平身。

主祭者复序立位，鞠躬拜。众通拜，兴；拜，兴；拜，兴；拜，兴。平身。焚祝文，瘗毛血，参神一揖，相向一揖。礼毕，退下阶。

饮胙宗老，照世升阶行礼，序立，鞠躬，拜，兴；拜，兴；拜，兴；拜，兴。平身。参神一揖，礼毕，退下阶。[92]

祭祀完毕，参祭者入食祭筵。同时，主祭者、祝文者、唱班者、礼生六人、绅衿国学、写联者、写祝文告词班仪路头帖者、排祭桌上器物者，以及主社四人、房长八人和其他参祭者，按例各分得祭品若干。[93]

并且规定："每年元正，主大宗事者敬奉桔、包、珍味、花枝、大烛、连炮"，"每月朔望，主大宗事者敬奉香烛、清茶"，"祠宇以清肃为主，管大宗者逐日洒扫"，"迎神、祈雨、普度，管大宗者应燃灯放炮，供香案烧金烟茶，不可失礼"，"端午、中秋、冬至，管大宗者应敬奉面饼珍圆庆令节"。[94]

值得注意的是，还规定祭仪"前期三日，斋戒习仪，前期一日，洒扫涤器，省牲具馔"，此乃深含丁氏祖教"致斋之义"和"涤牲之遗"，虽不可与当初之同日而语，然可谓"不失故家之风"也。这一既遵祖制又守礼仪的祭规，一直被后代子孙奉行到了20世纪50年代初而中止。

宗祠祭祖，必须依赖一定的经济力量，通常均置"祭田"，以其收入来支付祭祖活动的各种费用。丁氏宗族在明代前期就已有"祭祀之需者，谅亦不薄"[95]的祭田之设和较为完备的

管理使用制度。道光九年（1829年）"重立大宗祠蒸尝簿"之序云："大宗祠之有《蒸尝簿》也，自昔已然。其课祀之费，皆取息于田业、海荡等项，记载备详。"[96] 陈埭环江居负海，而海潮所往来处，其地卤洿，宜生海错诸鲜，居民受产以为业，谓之"海荡"。丁氏海荡有"东至蟳埔角，西至蚶江沟"之说，族人世代以海荡为田，养殖蛏苗为业。海荡归整个宗族共同所有，归各小宗支配，分给族人经营，"定坂征银"，以充大宗公费。亦曾有"海坪一所"，租给洋埭林姓"修筑开垦成田收粟"，每年交纳稻谷18担。[97] 海荡征银，公田收租，成为丁氏宗祠祭祖的主要经济来源。除了祭田，族人捐资也是维持宗祠活动的经济保障之一。明成化十一年（1475年），族遭"撒戍之诬"的祸害，以致"吾家所遗祭田荡尽，继敛私资以充"便是一例[98]。道光九年（1829年），"缘旧簿已经散失，无从稽查，兹再为创建"的《大宗祠蒸尝簿》载"祀业"：

一通海每年湿生白蛤、青蚬，就所生多寡，通族子姓向公议价给赎，不得违例；一丁擅港海一带；一洋埭乡林，每年应纳硬租一十八担，冬祭收用；一大沙港海一带；一乌边港海一带，每年估赎，冬祭收用；一东塘头园税，每年二千五百四十一文；一沪地每年给赎，春祭收用，旧簿载现银十二元；一通海每年种蛏，应量蛏笈订钱三十文，冬祭收用。[99]

2002年丁氏宗祠重修后，恢复原设在中堂的列祖列宗考妣木主牌位，并于落成庆典之日正式安主就位。丁氏回族事务委员会特别召开会议，就丁氏祠堂春、冬祀祖制定"规例"：

祀祖日：春祀为每年元宵节（即农历正月十五日），冬祀为每年冬至（即公历12月22日）。

轮值办法：一度一村，上承下接，七个回族村，即从江头、溪边、岸兜、西坂、鹏头、四境、花厅口，依序轮值承办。由陈埭片老年人总会牵头组织，各村分会承办。

参加祀祖对象：当任回委会成员、各行政村两委会成员，陈埭老年人总会、各村分会全体理事，陈埭民族南音研究社、陈埭民族诗词研究社、陈埭回族残联会负责人，70岁以上（含70岁）丁氏男性族人，必要时可邀请有关人士参加。

祀祖仪式：承照先祖传统仪式进行，主礼人由承办村分会会长担任，各村分会会长做陪礼人。由回委会主任向主礼人披红，由副主任向陪礼人挂红花。参加祀祖的丁氏族人全

部参加祀祖仪式。祀祖职员由回委会安排。

祀祖经费:每次祀祖由回委会从祠堂基金中拨出5000元,补贴承办单位,各村70岁以上人员每人按30元计算,由各分会统一交承办单位作为赞助金,不敷部分由承办单位负担。祀祖日如旅外宗亲来参加者,其奉献礼金归祠堂基金会收入,由祠堂基金会每人按30元标准计算付给承办单位。[100]

这一规例的制定,遂使丁氏宗祠中断多年而恢复起来的祭祀祖先的日期与仪式,走上了制度化,也趋向了现代化。丁氏宗祠的祭祀礼仪,随着岁月的推移,600年来发生了很大的变化,尽管崇祖意识一脉相承,但祭祖形式则因应时势而不断变革,实践着宗族对信奉祖教所采取的那种"吾将与吾党修明之,使不泥于其教,亦不背于其教,变而通之,与时宜焉"[101]的开明态度,使之亦然。

宗祠功能

宗祠系祖先栖神灵之宅，子孙追孝思之所，作为血脉崇拜的神圣殿堂，我们可以充分感受到它在中国传统社会中所具有的特殊功能和在新的历史时期所发挥的重要作用。

一是敬宗收族。宗祠是实现宗族整合的标志，对于供奉在宗祠里的列祖列宗的崇拜，成了巩固以共同血缘为基础的宗族关系的纽带。

丁氏宗族，自陈埭开基，"其生于斯，长于斯，住族于斯者"，由"鼎立三房"，继而"十房析居"[102]，云礽振振之盛昭，族属绵绵而无间。然而随着"业日以拓，族日以大"[103]，发挥宗祠的敬宗收族的作用，使"族之人会统于一，庶不至涣散而乖离"[104]，便越来越显得重要了。丁自申在宗祠于嘉靖间遭兵燹后极力倡导重建以不至于"泯宗"的事实，把不建宗祠即将泯宗联系起来，就是对宗祠重要性的最好诠释。宗祠的这一作用不仅内在，而且外延。丁氏族人"聚处逾二百有余年，无远出而他徙"[105]，但自明末清初以降，外迁异地他乡者不为少数。据调查显示，移居省内各地的有晋江的东石和安海、石狮的蚶江、惠安的崇武、同安的陈塘、南安的官桥、永安的西洋、大田的前坪和均溪、平潭的中楼、福清的大浦、福安的黄儒、霞浦的高店、福鼎的秦屿等，省外的有浙江的苍南和温州、台湾的鹿港和台西，以及香港、澳门等地区，海外的有菲律宾、新加坡、美国等国家。这些在不同的历史时期出于种种的原因而迁播海内外各地的族人，宗祠是他们追寻"摇篮血迹"的地方。早在康熙十八年（1679年），族谱就有"住居温州"的"十三世万庆、万乘兄弟从浙江总督标下中营中厅来泉援剿协防，陈埭筑寨，到祠谒祖"的记载。[106]20世纪80年代以来，这种"子姓以祠而为归"的现象愈加多了起来，有几件具有特别意义的事情是值得记述的。

菲律宾是陈埭丁氏族人侨居海外人数最多的国家，在马尼拉，除"旅菲清真五姓（金、丁、

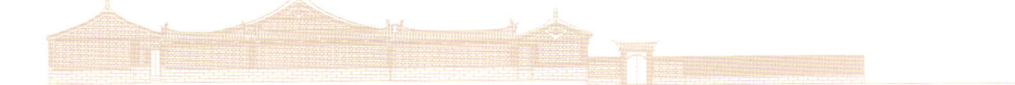

马、白、郭）联宗总会"外，还成立有"菲律宾聚书丁氏宗亲会"和"旅菲晋江陈埭同乡会"两个以陈埭丁氏族人为主体的华人社团组织。菲律宾聚书丁氏宗亲会会所厅柱楹联"菲岛开族源陈江一脉真传毋忘桑梓，聚书发祥振家声百代盛衍无忝宗风"，道出了与祖籍的渊源关系和文化认同。1985年6月，菲律宾丁氏宗亲以爱国侨领丁魁梧为团长，丁木德、丁晋朝为副团长，第一次组团返乡探亲谒祖。回族事务委员会精心安排祭祖、参观，热情接待，同胞亲情给"回乡探亲团"留下了深刻的印象。1987年11月，在籍宗亲组成以丁显操为团长的庆贺团，应邀赴菲律宾参加旅菲清真五姓联宗总会成立35周年庆典活动，进一步密切了菲律宾华侨与祖籍陈埭之间的宗亲联系。此后，旅菲宗亲又多次组团返乡祭祖，参加各种宗族事务活动，为家乡的经济建设和社会公益事业做出了贡献。宗祠重修，菲律宾宗亲踊跃捐资，共襄斯举，旅菲清真五姓联宗总会、菲律宾聚书丁氏宗亲会董事长丁木德热心桑梓，独捐人民币30万元，备受族人称道。

　　丁氏族谱记载，清代以来或"以家计东渡"[107]、"出住台湾"[108]、"在台开基"[109]，或"经营台郡"[110]、"贾于鹿港"[111]，或"台湾学"[112]、"入台庠"[113]，有不少族人移居到了一水之隔的台湾。据人口统计，现有丁氏宗亲两万多人，主要分布于岛内的云林、彰化、嘉义和台北等县市。十八世丁朴实于乾隆末年往台湾经商，家于鹿港，子丁克家相继东渡以承基业。未几，克家兄克邦之子丁文栋复居于鹿港经营，生意盛极一时。至二十世丁寿泉于光绪六年（1880年）中进士，家声日振，发展而为鹿港的著名绅商。他们编修族谱详细地记录"木本水源"之宗支世系，亦曾"回家娶室"、"回家谒祖"、"重翻起盖"祖厅[114]，然而由于政治藩篱的阻隔，中断了长期以来一直与祖籍保持的密切联系。云林的台西有丁氏，人口近两万人，是台湾岛内丁氏人口最集中的聚居地。今光华村十张犁祖厝供奉有"四世祖考仁庵公神位"，但丁氏何时徙居于此，不见明确的文字记载，甚至连祖墓碑额上镌刻"陈江"是大陆的什么地方，也不为人们所知道。1993年、1994年，笔者两度应台湾"中央研究院"民族学研究所邀请赴台访问和进行学术交流，并合作从事为期两个月的"陈埭丁氏宗族的发展及其移民台湾的研究"的课题调查，引起了当地丁氏宗亲的高度重视，他们进一步了解了祖籍在大陆、衍派在台湾的海峡两岸丁氏的血缘关系，加深了祖籍观念和认同感，纷纷表示将组团到大陆寻根谒祖。[115]继1949年移居台湾的前晋江县长丁维禧于1988年5月偕夫人在香港丁子对等宗亲陪同下回家乡探亲谒祖之后，1995年9月，以台西乡小学校长丁东德为团长的"台湾丁氏宗亲华南寻根之旅暨乙亥秋尝祀祖团"一行28人抵达陈埭，宗亲们以盛大的场面热情地欢迎他们的到来。在

丁氏宗祠举行了隆重的祭祖仪式上，衍居台湾及在籍合族子姓聚集一堂，丁东德以"主礼人"的身份率大家谨具清香鲜花，向始祖节斋公暨列祖列宗考妣昭告祭拜[116]，洋溢着血脉相连、亲情共融的热烈气氛。1997年11月，以丁显操为团长的访亲团一行5人应邀到台湾，在台西、台北、鹿港、台东等地拜访了移居台湾的丁氏宗亲，促进了两岸宗亲的沟通与了解，表达了和平统一的共同愿望。

无论是菲律宾华侨还是我国台湾同胞的寻根谒祖、宗祠祭拜，都唤起人们对祖先的追思和敬慕，产生水源木本的归属感，因世代增加、地域分离而逐渐淡化和疏远的同宗族人之间的血缘关系借此得到了加强，增进了宗族群体的凝聚力。

改革开放后，致富的陈埭丁氏宗族对于历史上迫于生计出外谋生而在当地定居繁衍的族人赈济解难，义不容辞，表现出同胞手足、亲亲相惜的包容情怀。1985年8月，平潭县遭遇历史上罕见的强台风袭击，当地族人财产受到严重损失，回族事务委员会发动七个回族村捐资15000元、大米两万斤和衣物数百件，赴灾区慰问宗亲。[117] 1990年3月，平潭族人筹资建造的一艘280吨位的轮船在运输途中不幸沉没，船员10人无一生还，损失达72万元。得悉消息，回族事务委员会立即募集48000元前往救济，安抚罹难家属。[118] 福安黄儒村地处深山僻壤，聚居丁氏回民1000多人，对外交通十分困难。回族事务委员会于1992年4月组织七村村长到实地访问考察，捐助人民币5万元，帮助修建一条与山下公路连接的便捷通道，大大地改善了交通条件，推动了乡村经济的发展。[119]

陈埭丁氏"族属之大，子姓之蕃，其间不能无富贵、贫贱、强弱之不齐"，但"彼虽贫，与我同宗也，必不忍以富而相吞；彼虽贱，与我同祖也，必不忍以贵而相凌"，这种"亲亲之心油然生"[120]的共同血缘意识，超越时空的距离，在"喜相庆而忧相恤"[121]的依存与互动中，加强了宗族群体的维系，呈现出一派从未有过的团结向心的局面。

二是纠宗绥族。宗祠是正俗教化、宣传祖训族规、处理宗族事务的场所，甚至成为宗族中的司法公堂。

在族人的心目中，入祀宗祠的祖先总是最完美的，人们往往把对有功有爵的列祖列宗的形象塑造，与纲常礼教相结合，鲜明地宣扬传统的伦理道德观念与人文价值取向，并化为遵行不悖的"家规训诫"。通过严肃的祭祀礼仪，让后世子孙崇敬仰慕祖德，着力效法，奋发思进。而违背祖训，便是不肖子孙，不遵族规，也就玷污了血脉。因此，崇拜祖先便有了道德规范和伦理教化的作用。特别是采取行之有效的措施，如辟宗祠为学堂，"系子孙读书之，不许闲人

喧哗、游戏及暑天夜睡"[122]，读书子姓参加祭祖并"另行恭拜"[123]，"有能登科第者，向公领坊匾银四十大圆，入泮者领花红银四大圆，乡试者领赆仪一圆"[124]，以奖劝后学，努力求取功名，光耀门楣。同时我们也可以在族谱中看到那些因"蹵从叔至死"、"从倭为戮烧毁宗祠"、"不孝致姑饿死"等犯下"通族共愤之"的不良行为的族人，受到"名削不表"的严厉惩处，"以垂戒后"。[125] 利用敬祖尊贤手段，训诫族人循规蹈矩，忌恶扬善，寄托着对后代子孙的厚望。前面述及，当清代初年出现"子孙罔忌，过庭鲜诗礼之训，入庙无尊敬之思"的那种"有乖祖制，殊失礼仪"的状况时，不难理解丁炜为什么要锐意改革宗祠祭仪的良苦用心，而只有这样，才能维护宗族血脉世系的纯洁高贵，也才能保持宗族香火永续世而增昌。

在宗祠的处理宗族事务、公断族内纠纷方面，可列举以下典型一例："乾隆二十五年（1760年）庚辰冬，族人以大沙公海纠众纷争，仪僭出字，责诸族长。赖天祖之灵，有子姓嘉、瑞风、湘江、克研、神宝、绳武等同衷，于腊月三日到祠，会请通族得议定坂征银，委仪总数，义不容辞，遂择日到海定坂。越二十六年辛巳正月，与成功、耀宗等，清出海银二百有余金，赎回乌边港，祀海以报祖宗之万一。但祭有半资，而族争未平，私心自揆，坟庙破损，爰建愚意，朘港修理，举宗不以为愚，咸曰报祖庇第一举。因劝族人请成功、元邃等董事，择日于八月二十一日修理鹿园祖坟"。[126] 因经营海荡问题，族人发生争端，由十六世丁淑仪责成族长召集众人，在宗祠进行商议处理，即使"纷争"得到妥善解决，又获"海银"用于修理鹿园和东塘祖坟。祖墓重新修葺，"酬土之日，子姓到坟盈千，演戏致祭"，化"纠众纷争"为"和气异常"，"观者无不称扬赞叹"。[127] 仲裁宗族内的纠纷，乃至处罚触犯族规家法的行为等等，宗谱所载不乏其例。宗族遇事"相议就于大宗祠"，被视为是充分体现了祖宗的意志，祠堂的这种司法公堂性质，是与它的血脉崇拜主题相一致的。很有意思的是，海荡受潮水冲击，地貌时常发生变化，所谓"高叟不许，流西复东无常"，故必"定年抽分"[128]。抽分海荡时使用"戈"为丈量计算单位，而戈的长度就以凿刻在宗祠前石阶上的两个方孔之间的距离为标志（据实测长5米），这也可算是宗祠作为司法公堂的又一表现吧。

士绅是宗族中的精英分子，他们的威望往往与族权相结合，构成领导阶层，管理宗族一切事务，享有至高无上的支配权力。祭祀祖先、重修祠堂、修纂族谱、清复祖坟、制定祀约，以及审理争端、与官府打交道等，无不由他们提倡和主持解决。在宗族中居于主导地位的士绅精英，对敦亲睦族、伦理教化发挥重要的推动作用。

三是荣宗耀族。宗祠关系着宗族的荣誉，不仅建造得宏大壮观富有装饰，而且刻意赋予丰

富的内涵，彰扬祖先的功绩，炫耀宗族的成就，以提高宗族的地位与影响。

丁氏宗族七个半世纪的光荣历史（以一世祖丁节斋为开端），就镌刻在楹联上，撰写在匾额里，这是在感叹丁氏宗祠建筑特色的同时，留给人们最深刻的印象。在丁氏宗祠里竖有匾额18方，石刻、漆书楹联近30对。匾额记述历代科第功名，褒奖先进；楹联除描述宗祠风水、历史渊源和人物事件外，亦多为颂扬赞美先贤功绩之句。"人文蔚起，代有簪缨"[129]，正是陈埭丁氏宗族历史上的一大亮点。陈埭丁氏回族从很早的时候开始就非常重视学习汉文化，对下一代的汉文化教育更是不遗余力，不仅择名师从学，而且督导奖励有加，子孙读书蔚然成风。由于"延师课子读书，每以功成名立为训"[130]，故于"破荒及第，肇自汾溪公"[131]而后，"举科名者，复踵相接"[132]，"子孙贵显，为当代最"。[133]据统计，明清两代登进士者12人，举人21人[134]，以及贡生26人、秀才105人[135]。兹先记录进士：

八世丁仪，明弘治辛酉（1501年）举人，乙丑（1505年）进士。

九世丁自申，明嘉靖己酉（1549年），庚戌（1550年）进士。

十世丁衍忠，明万历壬午（1582年）、癸未（1583年）联捷武进士。

十世丁日近，明万历己卯（1579年）举人，己丑（1589年）进士。

十一世丁启濬，明万历戊子（1588年）举人，壬辰（1592年）进士。

十一世丁士龙，明崇祯癸酉（1633年）、甲戌（1634年）联捷进士。

十二世丁钟，明崇祯癸酉（1633年）、甲戌（1634年）联捷进士。

十二世丁楠，明崇祯己卯（1639年）武举，庚辰（1640年）覃恩进士。

十二世丁胤甲，明崇祯庚辰（1640年）进士。

十四世丁天禧，明崇祯丙子（1636年）武举，庚辰（1640年）会魁。

十五世丁莲，清康熙癸巳（1713年）春、秋联捷进士。

二十世丁寿泉，清同治癸酉（1873年）举人，光绪丁丑（1877年）进士。

次记录举人：

十世丁云会，明嘉靖壬子（1552年）举人。

十世丁衍仁，明万历戊子（1588年）举人。

十世丁衍经，明万历甲午（1594年）武举人。

十一世丁震武，明天启辛酉（1621年）举人。

十一世丁之典，明天启辛酉（1621年）举人。

十一世丁大纲，明天启甲子（1624年）武举人。

十二世丁绍美，明崇祯癸酉（1633年）武举人。

十二世丁宗典，明崇祯丙子（1636年）武举人。

十二世丁元辅，清顺治辛卯（1651年）举人。

十三世丁文麟，清康熙壬午（1702年）举人。

十三世丁飚，清康熙庚子（1720年）武举人。

十三世丁克猷，清乾隆丁卯（1747年）武举人。

十四世丁其显，清康熙癸巳（1713年）武举人。

十六世丁湘江，清乾隆庚寅（1770年）举人。

十六世丁毓瑛，清乾隆辛卯（1771年）举人。

十七世丁嗣曾，清嘉庆丁卯（1807年）举人。

十七世捷三，清道光辛卯（1831年）举人。

十八世丁汉章，清嘉庆庚午（1810年）举人。

十九世丁庆辉，清嘉庆戊寅（1818年）举人。

十九世丁金城，清同治丁卯（1867年）武举人。

二十世丁廷兰，清同治壬戌（1862年）举人。

匾额与楹联相映生辉，引人入胜。"三世进士"匾，赐进士出身，光禄寺少卿，礼、刑二部郎何乔远，为梧州知府父丁自申、南京户部清吏司子丁日近、太子少保资政大夫刑部左侍郎赠尚书孙丁启濬立；"父子进士"匾为历任汀漳总兵父丁天禧、兴化府教谕丁莲立；"兄弟科第"匾为广东都使司金事署都指挥金事兄丁衍忠、奉直大夫直隶和州知州事弟丁衍仁立；"六子簪缨"匾为丁启濬六子，即奉直大夫、工部虞衡司员外郎长子楷，敕授承德郎都察院照磨次子槊、三子樾，敕授儒林郎广东惠州推官四子檖，诰赠朝议大夫兵部武选司郎中五子桄，敕授文林郎、兴化府儒学教授六子橏立等。[136]"科甲蝉联，簪缨鹊起"[137]，称之"特盛"[138]，诚如楹联"秀擢龙门六试七联捷，名魁虎榜四闱十登科"[139]之所云，"六试七联捷"指的是：

明嘉靖二十八年己酉、二十九年庚戌联捷进士丁自申，

明万历十年壬午、十一年癸未联捷进士丁衍忠，

明崇祯六年癸酉、七年甲戌联捷进士丁仕龙，同年联捷进士丁钟，

明崇祯十二年己卯武举、十三年庚辰会试覃恩作进士用丁楠，

明崇祯十二年己卯武举、十三年庚辰会魁（进士）丁天禧，

清康熙五十二年癸巳春、秋联捷进士丁莲。

"四闱十登科"即：

明万历十六年戊子举人丁衍仁、丁启濬，

明天启元年辛酉举人丁震武、丁之典，

明崇祯六年癸酉举人丁士龙、丁钟、丁绍美，

明崇祯十三年庚辰进士丁胤甲、丁楠、丁天禧。

文风盛，仕宦多，同时也培养了一批文人学士，有著作二三十种传世[140]，一副以书名与府志卷目对仗而撰的柱联，读来饶有兴味：

> 桐史志芳型列传外忠义孝友循绩向学隐逸笃行仕迹艺术文苑擅大家毓秀并夸名媛
> 芸编传巨制归囊后三陵六书午亭平圃问山涉江香雨沧霞瑶华推才子填词兼著紫云[141]

更可引以为豪的是宗族代有名人出，如"执法秋官重四朝"[142]的四朝（明万历、泰昌、天启、崇祯）名卿丁启濬、尽节一身可谓精诚动天地而泣鬼神的"忠烈"[143]丁楠、"壮猷平鹭岛孙谋远绍豹韬"[144]的"重藩都督"[145]丁良、"海内诗名齐十子"[146]的清初著名诗人丁雁水，以及"名达九重"[147]的近代军火科学家丁拱辰等。从撰碑、立匾、题联可以看得出来，与当时的郡守县令、乡绅名流，乃至像建极殿大学士张瑞图、礼部尚书黄凤翔、礼部尚书史继偕、礼刑二部郎何乔远、刑部郎中庄士元、吏部郎中陆深、吏科给事中史于光、巡抚福建等处地方提督军务兼都察院右副都御史吴之屏、资政大夫刑部尚书兼刑部右侍郎王士正、内阁中书宗人府主事龚自珍、大总裁户部尚书军机大臣景廉、头品顶戴工部尚书翁同龢、吏部左侍郎满洲副都统麟书、兵部左侍郎许应骙等[148]，过往交谊甚密。

科举入仕之多，名人辈出，明代下半叶是陈埭丁氏宗族文化最灿烂的时期，亦如何乔远所称道的："吾泉阀阅之家，则陈江之丁为盛。"[149]宗祠里的匾额和楹联，向人们诉说着丁氏宗族的辉煌历史。

四是教育基地。光前旨在裕后，是为了激发后代子孙发扬优良传统，争取更大的荣耀。1984年，陈埭镇回族事务委员会决定把丁氏宗祠辟为"陈埭回族史陈列馆"。这一有别于其他姓氏宗祠的创新做法，使丁氏宗祠在新的历史时期发挥着新的作用。

作为晋江市博物馆的下属分馆，陈埭回族史陈列馆于1985年3月1日正式对外开放。其展出珍贵文物100余件、图片近200幅，生动地再现丁氏宗族的历史，为宗祠平添了浓郁的文化气息。2002年宗祠重修之际，陈列馆进行了一次全面的整改，充实内容，重新布展，使之更加完善。陈列内容分为"繁华都市中的穆斯林商人"、"永远的家园——陈埭"、"丁氏回族的形成、发展与分布"、"历史舞台上的丁氏名人"、"续写辉煌篇章"，以及"海上丝绸之路考察活动在陈埭"等几个部分，向人们"叙述一个族群形成与发展的历程，一段外来移民与本土文化相互融合的历史，一篇回汉人民团结奋进、共同发展的动人故事"。[150]陈埭回族史陈列馆的建立与展出，不仅给族人"上了一堂历史课和创业课"，同时也"引起了海内外专家、学者的兴趣与赞誉"，并"得到了上级有关领导的关注与重视"，1997年陈埭回族史陈列馆被中共晋江市委、晋江市人民政府列为"晋江市爱国主义教育基地"。[151]

社会影响

宗祠，是血缘聚落里最高等级的公共建筑，是一个宗族政治、经济和文化的表征。以福建省最大的单姓回民聚居社区、一支长期生产生活于汉民族社会中逐渐融合的回民群体，改革开放后经济迅速成长的乡镇企业发展典型而引起海内外瞩目的陈埭丁氏回族，以宗祠为载体，向世人充分展示自己的特色与成就，在社会上赢得了赞誉，也产生了影响。

1979年，政府重申了陈埭丁氏回族的民族成分。1984年，成立陈埭回族事务委员会，管理民族事务。改革开放给陈埭丁氏回民带来了勃勃生机，发扬"爱拼才会赢"的拼搏、开拓、创新的精神，艰苦创业，大胆实践"以市场调节为主、外向型经济为主、股份合作制为主，多种经济成分共同发展"的经济建设模式，充分发挥侨乡优势，大力兴办乡镇企业，走上了富有特色的振兴农村经济的发展道路。20年来，七个回族村已办起制鞋、服装、塑料等各类企业935家。2001年工农业总产达35.4亿元，人均创产值13.67万元，上缴国家税收1.46亿元，人均收入9867元。陈埭从一个以农为主的农村发展成为工贸发达、经济繁荣、社会稳定、人民富裕的城市化城镇。陈埭丁氏回族步入了全国少数民族的先进行列，1994年陈埭回族事务委员会被国务院授予"全国民族团结进步模范单位"。[152]

经济的腾飞，促进了文化教育事业的蓬勃发展。七个回族村都有了自己的幼儿园、全日制小学，并办起了一所具有初中、高中、职高的综合性完全中学，实现了全体回民的九年义务教育。组建"民族南音社"、"民族诗词社"，以及"乡侨老人协进会"、"回族残疾人联合会"等，在宗祠举办"重阳诗会"、"南音演唱会"和"回族新老干部团拜会"、"集体祝寿会"、"回族残疾人联谊会"等，以及开展各种庆典活动，既活跃了民族文化，又为社区的精神文明建设添加了光彩。

陈埭丁氏回族民族经济的发展和社会文化的进步，得到了中央、省、市领导的充分肯定和高度评价，党和国家领导人万里、王汉斌、姚依林、乔石、谷牧、吴学谦、陈再道、王恩茂、

司马义·艾买提等，国家民委副主任陶爱英、平措旺杰、文精、江家福、李晋有，国家文物局副局长马自树等，福建省领导项南、陈光毅、林一心等，以及黑龙江省省长陈雷、云南省政协主席刘树生、宁夏回族自治区主席黑伯里等，先后亲临陈埭视察，到丁氏宗祠参观。全国各地少数民族也纷纷组团前来考察学习，1993年10月，在丁氏宗祠接待国家民委组织的出席"全国少数民族优秀厂长（经理）表彰会暨国庆观礼团"的全体代表。[153]

陈埭丁氏回族形成与发展的历史，改革开放经济崛起的模式，也引起了海内外学者的极大兴趣与热情关注，来自日本、韩国、新加坡、印度尼西亚、美国、法国、英国、德国、加拿大、斯里兰卡、瑞典、西班牙、叙利亚等国家，以及中国香港、台湾的专家学著，在陈埭丁氏回族社区做调查与研究。1989年12月，陈埭回族事务委员会与福建省历史学会联合在丁氏宗祠举办"陈埭回族历史讨论会"，数十位学者聚集陈埭，多层面、多视角地研讨陈埭丁氏回族的历史与文化。由中国社会科学出版社出版的论文集《陈埭回族史研究》，全面而系统地反映了学术界在这一领域的研究成果，揭示了丁氏宗祠所具有的特殊历史地位和学术研究价值。[154]

1991年，联合国教科文组织"海上丝绸之路综合考察团"特别列陈埭丁氏宗祠为考察点，由100多位世界各国的学者、官员组成的考察团来到陈埭参观考察。联合国教科文组织官员迪安博士、阿曼的穆什塔格·阿卜杜拉·萨利赫等阿拉伯国家的驻华大使，在遥远的中国东南方见到这么多的阿拉伯穆斯林后裔激动万分，发表了热情洋溢的讲话，并亲手种下了象征中外人民友谊的常青树。1994年2月，由联合国教科文组织发起举办的"海上丝绸之路与伊斯兰文化国际学术讨论会"在泉州召开，迪安博士再度率领来自18个国家近80位学者到陈埭考察，参观丁氏宗祠，还进行了主麻日礼拜。叙利亚国家文物总局局长穆哈欣·苏尔坦博士亦于2001年访问陈埭参观丁氏宗祠及回族史馆陈列，那棵已是枝叶茂盛的友谊常青树，一次又一次地迎来了参观考察丁氏宗祠的中外宾客。参观后十分感慨地讲了三句话："想不到阿拉伯人后裔在这里生活得这么好，想不到阿拉伯人后裔在这里与汉族人相处得这么好，想不到阿拉伯人后裔在这里留下来的文物保护得这么好。"

近几年来，我国中央电视台、福建省电视台、台湾电视台和香港电视台，以及国外的约旦国家电视台，还有《中国画报》、《民族画报》、新华社和《美国国家地理》杂志、日本《朝日新闻》、韩国文化放送等国内外的多家报刊、新闻媒体都在陈埭拍摄采访，制作专题影片和刊登专门文章，介绍与宣传陈埭丁氏宗祠，更加使这座蕴含着浓郁的中外文明色彩的古老建筑，享誉海内外。

注释

[1] 庄景辉编校：《陈埭丁氏回族宗谱》卷九《碑铭牌匾、楹联诗文》，香港，绿叶教育出版社，1996年。

[2] 《陈埭丁氏回族宗谱》卷三《传记、行状·寿母传》。

[3] 《陈埭丁氏回族宗谱》卷二《纪、说、表·扳谱说》。

[4] 《清源金氏族谱·丽史》，厦门大学博物馆抄藏。

[5] 《陈埭丁氏回族宗谱》卷三《传记、行状·二庄孺人传》。

[6] 《荣山李氏族谱·垂戒论》，厦门大学博物馆抄藏。

[7] 《陈埭丁氏回族宗谱》卷一《序、跋、谱例·谱序》。

[8] 《陈埭丁氏回族宗谱》卷二《纪、说、表·纂述世谟》。

[9] 《陈埭丁氏回族宗谱》卷一《序、跋、谱例·丁氏谱牒》。

[10] 《陈埭丁氏回族宗谱》卷三《传记、行状·府君仁庵公传》。

[11] 《陈埭丁氏回族宗谱》卷三《传记、行状·诚斋府君传》。

[12] 《陈埭丁氏回族宗谱》卷九《碑铭牌匾、楹联诗文·哲初丁先生清复从祖茔陇功德碑》。

[13] 《陈埭丁氏回族宗谱》卷三《传记、行状·二庄孺人传》。

[14] 《陈埭丁氏回族宗谱》卷三《传记、行状·诚斋府君传》。

[15] 《陈埭丁氏回族宗谱》卷七《契约文书·鹿园祖墓文契》。

[16] 《陈埭丁氏回族宗谱》卷九《碑铭牌匾、楹联诗文·哲初丁先生清复从祖茔陇功德碑》。

[17] 《泉州府志》卷四十七《明循绩》。

[18] 《陈埭丁氏回族宗谱》卷三《传记、行状·府君仁庵公传》。

[19] 《陈埭丁氏回族宗谱》卷三《传记、行状·二庄孺人传》。

[20] 《陈埭丁氏回族宗谱》卷七《契约文书·鹿园祖墓文契》。

[21] 《陈埭丁氏回族宗谱》卷九《碑铭牌匾、楹联诗文·修理五世祖英杰丁公墓碑记》。

[22] 《陈埭丁氏回族宗谱》卷三《传记、行状·二庄孺人传》。

[23] 《陈埭丁氏回族宗谱》卷三《传记、行状·二庄孺人传》。

[24] 《陈埭丁氏回族宗谱》卷一《序、跋、谱例·谱例》。

[25] 《陈埭丁氏回族宗谱》卷二《纪、说、表·聚族说》。

[26] 《陈埭丁氏回族宗谱》卷九《碑铭牌匾、楹联诗文·重建丁氏宗祠碑记》。

[27] 《陈埭丁氏回族宗谱》卷三《传记、行状·封主事先大人后吾府君行实》。

[28] 《陈埭丁氏回族宗谱》卷九《碑铭牌匾、楹联诗文·重建丁氏宗祠碑记》。

[29] 《陈埭丁氏回族宗谱》卷三《传记、行状·封主事先大人后吾府君行实》。

[30] 《陈埭丁氏回族宗谱》卷三《传记、行状·封主事先大人后吾府君行实》。

[31] 《陈埭丁氏回族宗谱》卷三《传记、行状·封主事先大人后吾府君行实》。

[32]《陈埭丁氏回族宗谱》卷六《祭祀规约·三宗祀议》。
[33]《陈埭丁氏回族宗谱》卷九《碑铭牌匾、楹联诗文·重建丁氏宗祠碑记》。
[34]《陈埭丁氏回族宗谱》卷九《碑铭牌匾、楹联诗文·重建丁氏宗祠碑记》。
[35]《陈埭丁氏回族宗谱》卷六《祭祀规约·三宗祀议》。
[36]《陈埭丁氏回族宗谱》卷六《祭祀规约·三宗祀议》。
[37]《陈埭丁氏回族宗谱》卷九《碑铭牌匾、楹联诗文·重建丁氏宗祠碑记》。
[38]《陈埭丁氏回族宗谱》卷六《祭祀规约·列祖神主入大宗祠合祭祝文》。
[39]《陈埭丁氏回族宗谱》卷十二《拾遗·吉人公倡义鸠众重建祠宇告白》。
[40]《陈埭丁氏回族宗谱》卷六《传记、行状·吉人公行状》。
[41]《陈埭丁氏回族宗谱》卷六《祭祀规约·列祖神主入大宗祠合祭祝文》。
[42]《陈埭丁氏回族宗谱》卷六《传记、行状·高祖惠亭公传》。
[43]《陈埭丁氏回族宗谱》卷九《碑铭牌匾、楹联诗文·重修大宗祠碑记》。
[44]《陈埭丁氏回族宗谱》卷十二《拾遗·雪峰公建议募题客宁诸宗人充公劝言》。
[45]《陈埭丁氏回族宗谱》卷九《碑铭牌匾、楹联诗文·重修大宗祠碑记》。
[46]《陈埭丁氏回族宗谱》卷九《碑铭牌匾、楹联诗文·重修大宗祠碑记》。
[47]《陈埭丁氏回族宗谱》卷九《碑铭牌匾、楹联诗文·重修丁氏祠堂碑记》。
[48]碑记镶于丁氏宗祠门埕护栏。
[49]晋江市陈埭丁氏宗祠修建委员会:《重修陈埭丁氏宗祠告宗亲书》。
[50]晋江市陈埭丁氏宗祠修建委员会:《重修陈埭丁氏宗祠告宗亲书》。
[51]丁木德:《重修丁氏大宗祠碑记》。
[52]《陈埭丁氏宗祠修缮工程竣工验收纪要》。
[53]《陈埭丁氏回族宗谱》卷二《纪、说、表·聚族说》。
[54]《陈埭丁氏回族宗谱》卷九《碑铭牌匾、楹联诗文·重建陈江丁氏宗祠碑记》。
[55]《陈埭丁氏回族宗谱》卷九《碑铭牌匾、楹联诗文·大宗祠联文》。
[56]《陈埭丁氏回族宗谱》卷六《祭祀规约·禁约》。
[57]丁桐志:《吉祥鸟的故事》《福建民族》2001年第5期。
[58]《陈埭丁氏回族宗谱》卷二《纪、说、表·祖教说》。
[59]《陈埭丁氏回族宗谱》卷十二《拾遗·一世至四世祖考妣不设神主》。
[60]《陈埭丁氏回族宗谱》卷一《序、跋、谱例·丁氏谱牒》,卷四《像赞、图赞、寿序·仁庵存君像赞》。
[61]《陈埭丁氏回族宗谱》卷三《传记、行状·府君仁庵公传》。
[62]《陈埭丁氏回族宗谱》卷三《传记、行状·府君仁庵公传》。
[63]《陈埭丁氏回族宗谱》卷一《序跋谱例·福建泉州南关外陈埭丁氏执斋公图谱序》。
[64]《陈埭丁氏回族宗谱》卷二《纪、说、表·扳谱说》。

[65]《陈埭丁氏回族宗谱》卷一《序、跋、谱例·丁氏谱牒》。

[66]《陈埭丁氏回族宗谱》卷六《祭祀规约·列祖神主入大宗祠合祭祝文》。

[67]《陈埭丁氏回族宗谱》卷六《祭祀规约·象庭公岁时忌辰祀业祭扫条规》。

[68]《陈埭丁氏回族宗谱》卷一《序跋谱例·福建泉州南关外陈埭丁氏执斋公图谱序》。

[69]《陈埭丁氏回族宗谱》卷十二《拾遗·长二三房晋主合约》。

[70]《陈埭丁氏回族宗谱》卷九《碑铭牌匾、楹联诗文·重修大宗祠碑记》。

[71]《陈埭丁氏回族宗谱》卷九《碑铭牌匾、楹联诗文·重修大宗祠碑记》。

[72]《陈埭丁氏回族宗谱》卷九《碑铭牌匾、楹联诗文·重修大宗祠碑记》。

[73]《陈埭丁氏回族宗谱》卷一《序跋谱例·福建泉州南关外陈埭丁氏执斋公图谱序》。

[74]《陈埭丁氏回族宗谱》卷九《碑铭牌匾、楹联诗文·重修毅斋公祠碑记》。

[75]《陈埭丁氏回族宗谱》卷六《祭祀规约·祀约》。

[76]《陈埭丁氏回族宗谱》卷六《祭祀规约·五世祖考诚斋公祭文》。

[77]《陈埭丁氏回族宗谱》卷六《祭祀规约·象庭公祭约引》。

[78]《陈埭丁氏回族宗谱》卷二《纪、说、表·纂述世谟》。

[79]《陈埭丁氏回族宗谱》卷二《纪、说、表·纂述世谟》。

[80]《陈埭丁氏回族宗谱》卷二《纪、说、表·纂述世谟》。

[81]《陈埭丁氏回族宗谱》卷三《传记、行状·丁德》。

[82]《陈埭丁氏回族宗谱》卷六《祭祀规约·祭仪纪言》。

[83]《陈埭丁氏回族宗谱》卷六《祭祀规约·祀约》。

[84]《陈埭丁氏回族宗谱》卷六《祭祀规约·祀约》。

[85][95]《陈埭丁氏回族宗谱》卷六《祭祀规约·祭约引》。

[86]《陈埭丁氏回族宗谱》卷二《纪、说、表·祖教说》。

[87]《陈埭丁氏回族宗谱》卷二《纪、说、表·享先纪》。

[88]《陈埭丁氏回族宗谱》卷六《祭祀规约·祭仪纪言》。

[89]《陈埭丁氏回族宗谱》卷六《祭祀规约·祭仪纪言》。

[90]《陈埭丁氏回族宗谱》卷六《祭祀规约·规例》。

[91]《陈埭丁氏回族宗谱》卷六《祭祀规约·祭仪纪言》。

[92]《陈埭丁氏回族宗谱》卷六《祭祀规约·班仪式》。

[93]《陈埭丁氏回族宗谱》卷六《祭祀规约·规例》。

[94]《陈埭丁氏回族宗谱》卷六《祭祀规约·规例》。

[95]《陈埭丁氏回族宗谱》卷六《祭祀规约·规例》。

[96]《陈埭丁氏回族宗谱》卷六《祭祀规约·重立大宗祠蒸尝簿序》。

[97]《陈埭丁氏回族宗谱》卷六《祭祀规约·祀业》。

[98]《陈埭丁氏回族宗谱》卷二《纪、说、表·雪成说》。

[99]《陈埭丁氏回族宗谱》卷六《祭祀规约·重立大宗祠蒸尝簿序》。

[100] 陈埭镇回族事务委员会：《关于丁氏宗祠春冬祀祖活动的会议纪要》。

[101]《陈埭丁氏回族宗谱》卷一《序、跋、谱例·谱例》。

[102]《陈埭丁氏回族宗谱》卷一《序、跋、谱例·谱例》。

[103]《陈埭丁氏回族宗谱》卷一《序、跋、谱例·丁氏谱牒》。

[104]《陈埭丁氏回族宗谱》卷一《序、跋、谱例·谱序》。

[105]《陈埭丁氏回族宗谱》卷二《纪、说、表·纂述世漠》。

[106]《陈埭丁氏回族宗谱》卷十《世系、谱图·世系》。

[107]《陈埭丁氏回族宗谱》卷三《传记、行状·显考圆圃公实行》。

[108]《福建泉州南关外陈埭丁氏执斋公图谱》。

[109]《福建泉州南关外陈埭丁氏执斋公图谱》。

[110]《陈埭丁氏回族宗谱》卷五《墓纪、圹志·皇清显考例授修职郎德馨丁府君暨显妣例封八品孺人慈惠苏孺人圹志》。

[111]《陈埭丁氏回族宗谱》卷三《传记、行状·十九世祖诰封奉政大夫孝子纯良公》。

[112]《陈埭丁氏回族宗谱》卷三《传记、行状·丁莲》。

[113]《陈埭丁氏回族宗谱》卷五《墓纪、圹志·皇清乡进士例敕赠文林郎拣发浙江候补知县协理海塘工务议叙加一级飏亭公墓志》。

[114]《陈埭丁氏回族宗谱》卷一《序、跋、谱例·晋邑江头丁氏竖棋柱义亭公派下家谱牒序》。

[115] 庄景辉：《陈埭丁氏回族在台湾》，《福建民族》1994年第6期。

[116]《陈埭丁氏回族宗谱》卷六《祭祀规约·一九九五年桂月衍台宗亲回乡谒祖祭文》。

[117] 丁显操：《垒罐斋记》五《六十年序记》。丁毓玲：《在团结进步事业中默默耕耘》，《福建民族》1994年第6期。

[118] 丁显操：《垒罐斋记》五《六十年序记》。丁毓玲：《在团结进步事业中默默耕耘》，《福建民族》1994年第6期。

[119] 丁显操：《垒罐斋记》五《六十年序记》。丁毓玲：《在团结进步事业中默默耕耘》，《福建民族》1994年第6期。

[120]《陈埭丁氏回族宗谱》卷一《序、跋、谱例·谱序》。

[121]《陈埭丁氏回族宗谱》卷二《纪、说、表·聚族说》。

[122]《陈埭丁氏回族宗谱》卷六《祭祀规约·禁约》。

[123]《陈埭丁氏回族宗谱》卷六《祭祀规约·祭仪纪言》。

[124]《陈埭丁氏回族宗谱》卷六《祭祀规约·规例》。

[125]《陈埭丁氏回族宗谱》卷十《世系、谱图·世系》。

［126］《陈埭丁氏回族宗谱》卷五《墓纪、圹志·重修东塘三世合葬祖坟纪略》。

［127］《陈埭丁氏回族宗谱》卷五《墓纪、圹志·重修东塘三世合葬祖坟纪略》。

［128］《陈埭丁氏回族宗谱》卷十《绘图、画像·敦朴小宗海荡抽分图》。

［129］《陈埭丁氏回族宗谱》卷一《序、跋、谱例·陈江丁氏家谱序》。

［130］《陈埭丁氏回族宗谱》卷十《拾遗·恭题孙启老叔台孝友入府志序》。

［131］《陈埭丁氏回族宗谱》卷九《碑铭牌匾、楹联诗文·重刊归囊遗稿叙》。

［132］《陈埭丁氏回族宗谱》卷四《像赞、图赞、寿序·恭祝启翁丁老姻翁太学生六十华诞》。

［133］《陈埭丁氏回族宗谱》卷三《传记、行状·丁自申传》。

［134］《陈埭丁氏回族宗谱》卷十《拾遗·乡会题名总匾》。

［135］《陈埭丁氏回族宗谱》卷十《拾遗·五贡题名总匾》。

［136］《陈埭丁氏回族宗谱》卷九《碑铭牌匾、楹联诗文》。

［137］《陈埭丁氏回族宗谱》卷一《序跋谱例·福建泉州南关外陈埭丁氏执斋公图谱跋》。

［138］《陈埭丁氏回族宗谱》卷四《像赞、图赞、寿序·恭祝启翁丁老姻翁太学生六十华诞》。

［139］《陈埭丁氏回族宗谱》卷九《碑铭牌匾、楹联诗文·咸丰十年重修大宗新建联牌文》。

［140］《陈埭丁氏回族宗谱》卷十《拾遗·丁氏典籍》。

［141］《陈埭丁氏回族宗谱》卷九《碑铭牌匾、楹联诗文·咸丰十年重修大宗新建联牌文》。

［142］《陈埭丁氏回族宗谱》卷九《碑铭牌匾、楹联诗文·大宗祠石柱联文》。

［143］《陈埭丁氏回族宗谱》卷九《碑铭牌匾、楹联诗文》。

［144］《陈埭丁氏回族宗谱》卷九《碑铭牌匾、楹联诗文·大宗祠石柱联文》。

［145］《陈埭丁氏回族宗谱》卷九《碑铭牌匾、楹联诗文》。

［146］《陈埭丁氏回族宗谱》卷九《碑铭牌匾、楹联诗文·大宗祠石柱联文》。

［147］《陈埭丁氏回族宗谱》卷九《碑铭牌匾、楹联诗文》。

［148］《陈埭丁氏回族宗谱》卷九《碑铭牌匾、楹联诗文》。

［149］《陈埭丁氏回族宗谱》卷三《传记、行状·丁赠公庄宜人合传》。

［150］陈埭回族事务委员会编：《陈埭回族史馆·前言》。

［151］陈埭回族事务委员会编：《陈埭回族史馆·后记》。

［152］丁显操：《垒罐斋记》五《六十年序记》。丁毓玲：《在团结进步事业中默默耕耘》，《福建民族》1994年第6期。

［153］丁显操：《垒罐斋记》五《六十年序记》。丁毓玲：《在团结进步事业中默默耕耘》，《福建民族》1994年第6期。

［154］《陈埭回族史研究》编委会：《陈埭回族史研究》，中国社会科学出版社，1991年。

文献资料

重建陈江丁氏宗祠碑记

《礼》："大夫三庙。"丁氏宗祠，则梧州守槐江公承父志，续先构，而今计部光元君拓之。不称庙而称祠何？此世数传享尝之外，崇追远之祀者也。丁氏之先，自洛入闽，曰节斋公者，居郡城文山里。三传至硕德公，徙居陈江，遗命诸子即所居营祠堂焉。瓜瓞日蕃，循沿余三百载。嘉靖庚申岁毁于兵，封承德公伤之，语梧州公曰："不可以当吾世而湮宗祠。"梧州公捐金营复，广袤如旧，犹歉于未备，而谆谆嘱其子也。顷计部公谒告归，聚族而谋，佥谓是役也巨，匪众力弗济。计部君恻然曰："父命之矣，吾乌敢自爱其力？"悉罄禄余，规画详恪。族人祠而舍者，咸愿以地归焉。君厚输其直。拓祠地周围可七十余丈，综其费几千余金，五阅月而告竣事。门庑轩敞，寝室靓邃，庭墀闳豁，飨馈有室，斋庖有所。族姓七千余指，群集序列，尊者司课献，卑者职趋跄，享奠既毕，宴欲而落之。因相与扬觯言曰："夫蓄源深者，疏为众派；枝叶茂者，庇及本根。以吾祖之祠于兹土也，自承德公而下，营之凡三世，乃今赫赫奕奕，逾用改观，惟宗祊嘉赖之。吾侪朝夕于斯，异日者永永俎豆于斯，其又敢忘大德！愿图刻石志之。"而司理宁文君将其长老命来委记于贡生翔。夫庙祀隆杀，以世数为限。议者谓服尽之祖，远而不祭；有后之宗，疏而不祔。顾孝子顺孙永言似续，其曷有涯欤！《礼》云："致爱则存，致悫则著。"祖先栖神之宅，英爽胚蟹，世世灵承，其为存且著，孰大焉？徒援庙祭，自抑杀，而委诸榛莽，夷为寝室也。水木源本之思，宁无感怆？盖礼教坠而习俗锢，至有势政大臣，祭于私寝，为官法弹纠，烦人主敕代营庙者。宋公庠发愤陈疏，著为令式。惟时在位公卿，自文潞公而外，未闻有相踵感愤者也。冠绅荐享，下同委巷，矧寥寥远祖乎？今承德公追远一念，子若孙克缵绪而恢张之，且令丁之子姓，骏奔对越者，仰思祖德，俯笃本支，是报本之孝，睦族之仁，一举两得也，于以风世厚矣。抑《楚茨》之诗有之，"神保是格，报以介福"，而是祠有福征二焉？祠面汇流，日之告成也，海潮三至其下。祠旁有柏树，一夕产奇葩数本，观者诧为异祥。丁氏之族人咸欣欣相语者曰："吾祖祠报成，赐于计部君，而锡厥祉以逮诸宗也。"夫承德公之子若孙、若曾孙，三以科第起矣，而皆用敦行世，其家佥悃我昌君、乡进士德昌君，亦质有文武者，大于公之门，炽万石之阀，方且未艾。不佞于计部君有厚羡焉，爰乐为之记。

万历二十六年庚子重阳，赐进士榜眼及第，资政大夫、南京礼部尚书，前吏部左部侍郎兼侍读学士，眷生黄凤翔顿首拜撰。

重修大宗祠碑记

吾宗自宫保蓼初公立三宗祀议，凡仁祖子姓有爵有功者，俱得祔庙配食。从时所祔者，缙绅及各支祖而已。厥后瓜绵瓞盛，循议捐充叨光祀事者，代有其人。中龛之阶几满，前辈乃议增左右两龛为捐赀者祔，而中龛留为缙绅禄位，其激励后人，优待缙绅者至矣。迨道、咸间，后进及两庑倾圮，族伯增广生大业、国学焕然，鉴堂只就殷户捐修。缘族中多故，弗及蒇事为憾。岁己未，与广文、庆煇，茂才摘藻、宝书，职员一梅，国学占梅、鸿题、仰南、金书诸伯叔出为募捐，并族之贾甬者鸠赀来充，绩成其事，迄今三十余载矣。堂庑门楣均将就圮，上年客甬者殷殷倡修，复汇来六百金，命兰董其事。但土木工役为费甚巨，而捐充尤难，族众有以破例厚充祔祀中龛之说进者，兰初以前规不可自我而越告。既而思庙貌素严固可蒙安袭故，若夫榱桷将朽，曷尽恧著爱存？爰循众议，襄兹善举，得孝思者四人，各充八百两。惜阻于外事，动费过半，乃复募入左右龛两人，各充八百两，以成其美。嗟乎！捐赀建祠，原属为人后之责，乃斯举不行，至以祖宗之重地，乃得子孙之充赀为工料之巨费也，大乖孝子慈孙职况别筹诸他款乎！回思昔之日，计部午亭公予告归里，馨其俸余，拓充祠宇，有光前裕后之心者，宜何如愧奋以恢先志欤？所幸斯役也，饬匠庀材，向可重美奂轮，其气象更蔚成大观矣。异时父老子弟登斯堂而肃骏奔，相与仰追祖德，俯笃本支，继继绳绳，以似以续，甚盛事也，抑兰更有望者？此番进主之举，洵属越规而为，而各户捐充之赀，亦实加厚之至，特念祠宇所以妥先灵，不得不计出权宜，以循众议。嗣后，中龛则仍永远为缙绅禄位，盖一以副前辈优待缙绅之美意，一以勉后有志观光之良法，勿蹈斯举之僭越也，宗祊实嘉赖之。惟是季春启土，经始于蒲夏，落成于葭月，计费三千余金。诸同事欲有以信今而传后也，命兰与茂才鸿元董其事而记其略云。

裔孙（下缺）同立石。

光绪十五年岁次己丑冬吉，二十世裔孙兰薰沐拜撰。

重修丁氏祠堂碑记

丁氏宗祠建于明初，万历庚子重建，清咸丰壬子、光绪己丑均有修葺，为研究古泉州海交史之实据。然年久失修，蠹朽中空，苟不修葺，行将倾圮。蒙省府资助二万元，县府拨款一万元，吾族自筹三万元，为维修计。甲子桂月兴工，是年腊月告竣。雕梁画栋，整旧翻新，复其原貌，

增其旧制，爰以立石以记之。

陈埭丁氏祠堂文物保护小组，岁次甲子年□月□日立。

重修丁氏大宗祠碑记

陈埭丁氏一世祖节斋公，教宗回回，南宋年间自苏货贾于泉，居文山里，三传至硕德公，于元代末年肇基陈埭。丁氏大宗祠建于明永乐初，嘉靖三十九年遭兵燹，九世祖梧州守槐江公承父志，续先构而重建。万历二十八年，十世祖计部光元公悉罄禄余，拓展扩筑，始具宏规。清光绪十五年，先曾祖父廷兰公董其事，再修葺翻建迄今。大宗祠建筑独具特色，结构成"回"字形，装饰艺术融合中华文化，是福建省内历史最悠久、规模最宏大、保存最完整的回族祠堂，一九九二年列为福建省重点文物保护单位。数百年来，风雨沧桑，蚁蠹腐蚀，亟待整修。保护文物，盛世修祠，为后人职责，去冬回族事务委员会集族人共议，推显操宗长主持其事。获省、市、镇政府之支持，海内外族人踊跃捐输，鸠工购料，于二零零一年荔夏启土，腊冬告竣，共费人民币一百余万元。遵照文物保护法修旧如旧的原则，规模结构，悉依旧制，而建筑风貌焕然一新。回族事务委员会成立以来，迁葬修建灵山祖墓，编辑出版《陈埭丁氏回族宗谱》，兹修葺大宗祠，工作更为繁重，祖德宗功，为后世楷模。余忝受族人委命，撰文勒石以记其事耳！

旅菲清真五姓联宗总会理事长、菲律宾聚书丁氏宗亲会理事长二十三世裔孙木德薰沐拜撰，二零零二年岁次辛巳腊月□日立。

宗祠牌匾

进士

弘治乙丑科中式进士特授奉议大夫四川按察司佥事丁仪立。

乡贤名宦

榜眼及第左柱国太师兼太子师光禄大夫礼部尚书文渊阁学士史继偕，为嘉靖己酉、庚戌联捷进士特授中顺大夫广西梧州府知府晋阶中宪大夫累诰赠通奉大夫刑部右侍郎崇祀乡贤名宦丁自申立。

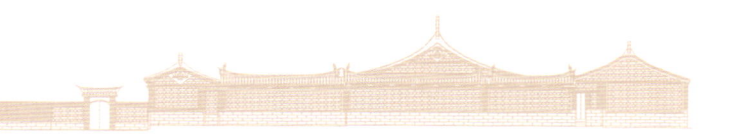

兄弟科第

万历癸未中式四名会魁，授广东都使司佥事署都指挥佥事兄衍忠立，万历戊子乡试中式授奉直大夫直隶和州知州事弟衍仁立。

三世进士

嘉靖庚戌进士梧州知府父自申立，万历己丑进士南京户部清吏司子日近、万历壬辰进士太子少保资政大夫刑部左侍郎尚书四朝名卿孙启濬立。

三世进士

赐进士出身光禄寺卿礼刑二部郎何乔远，为丁自申、日近、启濬立。岁次甲子年冬月重修。

宫保尚书

刑部左侍郎钦赐尚书衔加封太子少保丁启濬，明万历壬辰科进士。

宫保尚书

太子少保工部尚书南京户部侍郎何乔远，为万历壬辰进士太子少保资政大夫四朝名卿钦赐祭葬丁启濬立。

孝感

知泉州事赵士许，为万历己未年嘉平月吉日晋江孝子割股奉亲丁光琛立。

忠烈

东阁大学士兼吏部尚书曾樱，为崇祯己卯举人庚辰会试恩进士钦授潮州西营守备加参将晋阶怀远将军为明死节丁楠立。

登科

巡抚福建等处地方提督军务兼都察院右副都御史吴之屏，为崇祯己卯科乡试中式庚辰会试覃恩特授广东潮州府西营守备晋阶怀远将军丁楠立。

六子簪缨

奉直大夫工部虞衡司员外郎长子楷，敕授承德郎都察院照磨次子榘、三子槛，敕授儒林郎广东惠州推官第四子機，诰赠朝议大夫兵部武选司郎中五子梡，敕授文林郎兴化府儒学教授六子楷立。

方伯

资政大夫刑部尚书兼刑部右侍郎王士正，为特授通奉大夫湖北湖广等处地方提刑按察使署布政司使丁炜立。

父子进士

崇祯庚辰中式第十六名会魁，殿试三甲十三名历任汀漳总兵父丁天禧立，康熙癸巳春秋连捷进士子丁莲立。

进士

经筵讲官文渊阁大学士兼礼部尚书加七级王，为万寿特开康熙癸巳科会试中式殿试第三甲第十七名进士官授江南仪征县知县掌教鳌峰书院丁莲立。

选魁

钦差福建提督学政左春坊右庶允戴瀚，为雍正壬子科岁贡生丁元遴立。

文魁

兵部侍郎都察院右都御史巡抚福建等处地方提督军务钟音，为万寿特开乾隆庚寅科乡试□易经中式第七十八名举人丁湘江立。

重藩都督

中宪大夫知江西南昌府事黄元骥，为钦奉旨都督金事以平岛有功晋阶右都督统辖官兵镇守江西南昌府地方等处丁良立。

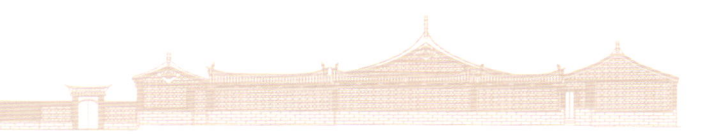

时清翰苑

旨统辖官兵南昌等岛，大顺□年□月，南昌重藩都督丁良立。

望隆达尊

中宪大夫知泉州府事加二级高元崑，为顶带乡饮正宾丁朝瑞立。

年高德茂

文林郎知晋江加一级纪录二次杨翼成，为顶带乡饮正宾丁朝瑞立。

康济流芳

特授泉州府知晋江县事加三级李永吉，为乡饮宾丁朝瑞立。

进士

大总裁户部尚书军机大臣景廉、头品顶戴工部尚书翁同、吏部左侍郎满洲副都统麟书、兵部左侍郎许应骙，为光绪庚辰科殿试第三甲第四十八名钦点即用知县签分广东丁寿泉立。

名达九重

赐进士出身授内阁中书宗人府主事龚自珍，为丁拱辰立。岁次甲子年冬月重修。

蔚为人瑞

大总统黎元洪题褒，民国十一年十二月，丁清美立。

乡贤名宦

恩纶世锡

百代瞻依

甲子年十月修。

绥我思成

输财卫国
民国政府题颁，民国三十年二月。

团结清真
晋江陈埭丁氏回族成立二周年纪念，旅菲清真五姓联宗会第二十九届理监事贺。一九八一年七月十五日。

族光业隆
陈埭回族事务委员会惠存，菲律宾聚书丁氏宗亲会赠。一九八六年四月二十六日。

陈埭万人丁
杨静仁。

大宗祠联文

乔木润叶以流根子又子孙又孙长培吾宗元气
大海回澜何不有农恒农士恒士无忝先世遗风

廿余世文昭武穆共忠孝家风不居人后
五百年祖功宗德与东南流峙长在目前

名山峙南碧马金鞍同揽辔
巨海环北千支万派日濚洄

门当南向宝山高气壮千秋鼎俎
祠结东偏红日近光昭百代人文

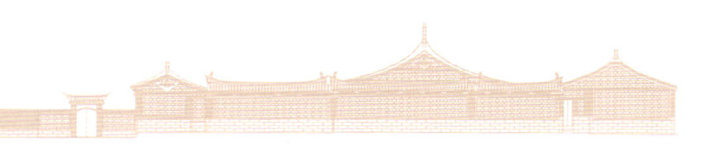

洛水家声旧
文山世泽长

洛水护田将绿绕
宝山排闼送青来

门纳山川淑气
家传文武芳声

风水前朝卜筑地
云礽累世读书声

门前时见神鱼破浪
户外长见高峰凌云

刻木报祖恩千秋鼎俎
寻源传祖教百代人文

咸丰十年重修大宗祠新建联牌文

派衍鹰扬起洛水迁文山滨海奠居桐郡夙推华胄
祥钟鹿兆为忠臣作孝子洁身拒伪竹编均著完人

开莲应高第豹蔚龙骧踵快二难竞爽
簪杏擅传家凤毛骥种声徽三世联登

离名弼教法讨貂珰臣职力争龙陛
豫镇宣威功平鹭岛孙谋远绍豹韬

桐史志芳型列传外忠义孝友循绩向学隐逸笃行仕迹艺术文苑擅大家毓秀并夸名媛
芸编传巨制归囊后三陵六书午亭平圃问山涉江香雨沧霞瑶华推才子填词兼著紫云

秀擢龙门六试七联捷
名魁虎榜四闱十登科

弱岁叩帝阍快睹天颜有喜
乡贤崇黉序允称儒行无惭

大宗祠石柱联文

派衍金闾二千石敬承祖惠
门迎宝盖廿七都宏启人文

世纪卜陈江营祠自昔仍初地
宗功推计部拓宇而今裕后昆

祠结东偏红日近
门当南向宝山高

题名春榜联三世
执法秋官重四朝

海内诗名齐十子
汉廷经义冠诸儒

帝有恩言不愧聚书之裔
德动天鉴果然循理者昌

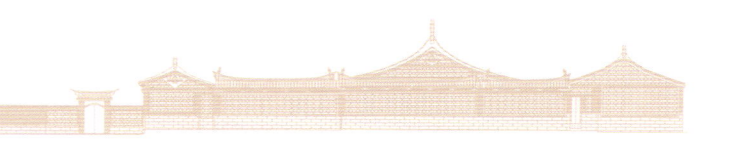

明神点出知遐福
老子归来喜有天

执法讨貂珰臣职力争龙陛
壮犹平鹭岛孙谋远绍豹韬

元正联对

雁里允臧自昔集来弋雁
龙宫伊迩不时飞出见龙

祠结雁沟好把姓名题雁塔
门当紫帽还期孙子着紫衣

壁山辉映堂前云蒸霞蔚
溪水潆洄祠左源远流长

七传衍盛溯水木垂休一味聚书香自远
六派流辉看芝兰斗馥百年弋雁春频光

由来祖德报难穷但使子则孝孙则慈无忝陈江遗绪
莫道宗情联不属苟能过相规善相劝自和奕世至亲

□□□□□藉有赫先灵岳降生生不已
陈江书世藏觇高飘桂蕊时来历历闻香

书田有味义耕礼种饶菽粟
学海无边波生浪起幻鱼龙

祖德流光长润一庭兰桂
青灯掩映大兴万里风云

不存一点孝思便非孙子
如涉半分过举难对祖宗

先祖是皇神保是飨
曾孙惟主酒醴惟醹

尊祖敬宗修族
崇贤贵德尚功

吉人公倡议鸠众重建祠宇告白

大宗祠起盖年久，渐次倾颓，曾经合族佥议，其间长短不无不齐，多竟相推诿观望，是以隐忍不设一谋，致祖宗栖神无地，灵爽抱恨，此甚非孝子顺孙之所为也。恳诸叔兄弟侄深念本源，有自孝敬为心，须速会同公议，权宜措处。秋后预备石木，乘明年大利，择吉兴工。则大事有成，新祠亦可刻期告竣，庶不至道旁之筑，方免外族之讥。祚自愧才拙言疏，不敢齿及，以起居逼近祠宇，稔知其详，为祖痛心，敢陈始末，希祈情谅，万勿罪督！披诚沥恳，专此禀白。

雪峰公建议募题客宁诸宗人充公劝言

窃闻人之有祖先，犹水之有本源，木之有根荄也。我丁姓聚族陈江，于今几五百年矣，而食指众多，称巨族焉。且累世诗书登科第列显宦者，代不乏人，夫非祖宗之流泽孔长欤？慨自十世午亭公自俸金鼎建祠宇以来，相承日久，从前规条严肃，课祀之费有所从出。迩来人心日薄，风俗日偷，祖宗祀业殆不可问，以致课祀之费俱有阙失，此为人孙子者所不忍闻，与不忍见者也。前年大宗倾圮，后进及两庑经已鸠众捐赀修葺，而铺砖修饰竖匾及清濬沟涵，与夫安土等费，课祀各项，因捐数不敷，遂至中止。所以然者，皆因族中财帛万不如前，是以难之又难，以致束手无策。然断何为事也？阖族人丁成万，虽贤愚不一，而清夜自思，忍听祖宗之血食有缺与国课有亏乎？断不可以已矣。去年曾佥议有能充银一百二十元者，许其晋考妣神主入

祠春秋配飨，将所充主银建置祀业，以供课祀之用，而族中有力者绝少，不能举行。兹不得已再集族众相议，谓我丁姓外出经营者甚众，在浙生理称饶足者实繁有徒，因佥议举一刚方直有声望者到浙与诸宗人劝捐，以及贤子孙喜进其考妣入祠者，各尽孝思，庶几集腋成裘，共建义举，俾祖宗千万世有血食之报，而子孙千万世有善述之称也。讵非今日之急务，而深有望于孝子慈孙哉！是为劝。

咸丰四年甲寅二月日，十八世孙大业撰。

裔孙廷兰题诗石刻

洛水宗风庆最长，分支卜筑陈江乡。
二千石后宏垂裕，五百年前此发祥。
旧说双榕门外植，今仍一塔岭尖望。
谱称计部规模远，愧乏涓埃象肯堂。
光绪己丑冬日。

一番考筑一番新，喜得聚书有达人。
豹蔚龙骧群竞爽，凤毛骥子齐拖绅。
堂开三孝悬旌额，国赖孤忠能致身。
况复乡贤孙继祖，增光俎豆重千春。
裔孙廷兰敬题。

敬录雁水公诗词石刻

坐占鸥沙香饵垂，一竿春水碧琉璃。
风澹澹，日迟迟，闲看蜻蜓立钓丝。 敬录雁水公《本意·渔夫词》。

民风饶太古，何必说逃秦？
山色随时换，溪花自在春。 敬录雁水公《村居诗》。

晋江县人民政府关于报请批准丁氏祠堂为省级文物保护单位的报告

晋政〔84〕综 263 号

省人民政府：

丁氏祠堂建于明初，嘉靖庚申年毁于兵，仍重修之，长 42.57 米，宽 21.16 米，共三进：第一进为进门；第二进为祀祖堂，建于前后两进左右廊庑中之四方平台上，高出环庑 4.8 米，左右廊庑与前后进相连接；后进东面后角有意截去一角，成"回"字形，经考证为中文"回"字的缩影。清乾隆间有修葺。丁姓原系信奉伊斯兰教之阿拉伯人的后裔，随着宋元时期泉州海外交通的发展而定居于此。丁氏祠堂是我省仅存回民祀祖处，也是全国仅有"回"字形古建筑。它是研究泉州海外交通及古代阿拉伯人入籍中华的重要实物依据。故报请列为省级文物保护单位。以上报告当否，请批示。

晋江县人民政府
1984 年 10 月 4 日

抄报：国家文物局
抄送：省文化厅、文管会、博物馆，地区行政公署、文化局、文管会，县政府办公室、文化局、文管会

晋江县第一批县级文物保护单位丁氏祠堂碑

丁氏宗祠，经本府于一九八二年七月公布为第一批县级文物保护单位，晋江县人民政府，公元一九八三年六月□日立。

丁氏祠堂建于明永乐年间（1403－1424 年），为陈埭丁姓回民祀祖处，整座建筑"回"字形，是研究古泉州海外交通及外人籍华的实物资料。保护范围：祠堂外墙向外东二十米，西一米，南三十五米，北十米。

福建省第三批省级文物保护单位陈埭丁氏宗祠碑

陈埭丁氏宗祠，福建省第三批省级文物保护单位。福建省人民政府，一九九一年三月二十

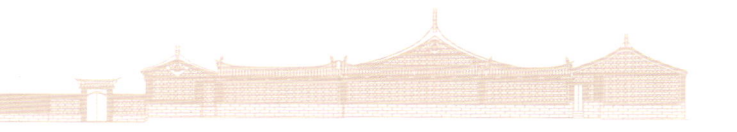

日公布。

丁氏宗祠建于明初，嘉靖三十九年（1560年）毁于兵火，后重修。清乾隆年间有修葺，由正门、中堂、后厅组成。中堂保留明代抬梁式木构架。随着泉州海外交通的发展，大量阿拉伯人于元代入泉经商、定居，陈埭丁姓系信奉伊斯兰教阿拉伯人之裔。今宗祠尚遗存多处《古兰经》文雕饰图案，记载其渊源和宗教信仰。丁氏宗祠是研究泉州海外交通及古代阿拉伯人入籍中华的重要实物证据。

友谊长青树碑

友谊长青树。联合国教科文组织"海上丝绸之路"综合考察队考察陈埭。晋江县陈埭镇人民政府，公元一九九一年二月□日立。

一九九一年二月十六日，"海上丝绸之路"综合考察队在考察陈埭时，领队迪安、学术领队欧刚和阿曼、沙特阿拉伯、卡塔尔、巴林四国驻华大使暨各级领导植下友谊长青树。丝绸之路，史册永载；友谊之树，万古长青。

祖教说

吾家自节斋公而上，其迁所自出，俱不得而详也。由其教而观之，敦乎若上古风气之未开然也？如殓不重衣，殡不以木，葬不过三日。封若马鬣而浅，衰以木绵；祀不设主，祭不列品。为会期，面相率西向以拜天。岁月一斋，晨昏见星而后食，竟日则枵腹。荐神惟香花，不设酒果，不焚楮帛钱；诵清经，仿所传夷音，不解文意，亦不求其晓，凶吉皆用之。牲杀必自其徒而后食，肉食不以豚。恒沐浴，不清不以交于神明。衣崇木棉而不以帛，大率明洁为尚也，夏稚年之所习见矣。厥后殓加衣矣，殡用木矣，葬逾时矣，衰麻绵半矣，祀设主矣，封用垎矣，祭列品而加牲矣，务肥腯矣。天多不拜矣，斋则无矣，牲杀不必出其徒而自杀矣，衣以帛矣，交神不皆沐浴矣，酒果设矣，楮帛钱焚他神矣。祀先则未用也，香花之荐犹故也，不豚犹故也。今则祀先有焚楮帛钱者，牲杀不必自杀与其徒者，衰皆以麻无用绵者，葬有逾十余年者，吉凶有用黄冠浮屠者，食有以豚者。虽渐变以比于礼，而于非礼之所出者有之，于明洁之尚，吾见其皆莫之省也。呜呼！君子论礼有曰："本于其国之故，不求变俗。"又曰："有可变革，有不必变革者，在乎省其宜而行之也。"宜者何？天理人情之宜也。苟于天理人情而无害者，何必变之以徇世

065

俗之私乎？今于其变者而知裁之以礼，斯善变矣。若意出于明洁，心存于诚敬，则宜深念而慎守，相期以勿变也。

槐江公祭约引

申闻昔我先人之徙居陈江也，拓宇开疆，崇基厚积，自荡亩均分之外，所以遗祭祀之需者，谅亦不薄。不幸族运中微，两以先籍旧陇为豪家欲肆挤夺者，始讼于郡邑，蔓延于省，又理于京，更数巡臬、监司勘鞫逮系，株引累年，赖夫祖宗之灵，幸直其事。然拮据消削之余，已鬻祭田而鬻之他主，乃至岁祭祀所需，什不能存一，仅荔果数株，荒田数亩而已。迩以祠堂余赀，续置田租若干亩，岁且五稔矣。而祭祀尚仍俭陋，夫以孙子之力乏，而鬻祖宗之所有者，至裁损于粢盛前者之事，既不可以复追岁入祖宗之余粒，又不尽用于祀事之供，而因以为利，此来者之责，独不可亟为之处哉！忆先君平日谆谆耳提数事，此其一也。适直祭，横溪兄过此，复以是见委，僭不自揆。窃计续置田租，且以平常之价估之，每石值银几何？共约银几何？东塘园税岁额银几何？荔枝生熟不等，大约银几何？通计每年所入共银几何？祠堂三大祭、一小祭，每祭用银几何？清明祭扫用银几何？通计用银几何？以所入供所出，庶几丰无侵费，俭不废礼，此议之经久而可行者也。其直祭与与祭之人，各有仪式，宜相恪守，不惟上可以申追远之念，且下亦不失故家之风。今将设祭品物与合行仪节条开于左，敬呈于列位尊兄、宗长并贤子弟质正焉，凡我族人，共守无斁。

祀约

立人之道，莫大于礼，礼莫重于祭。祭也者，自中而生者也。心怀而奉之，于是明其疏数之节，而著时祭之名，本其分义之宜，而为笾豆之数。今则时异势殊，古礼于器俱损，而不可复矣。四时之祭，虽达官贵人，皆莫之行者，岂以财之不足哉，独其生卒之日祭尔？夫时祭，乃古昔之制，而不能复；生日之祭，不见于经，而不能革，岂非人情所趋，虽圣人亦当用之而酌其宜乎？祭以生卒之日矣，而生日之品，杀于卒日，泉俗然也。毋亦以祭不经见，故从其杀与？夏家宗庙有祭，俱沿于俗，独于当忌之日前一月，畜一牲别牢以食之，有古者涤牲之遗也。先一日，扫室、涤器、焚香、荐花、燃烛，有古者致斋之义也。此其家法不可以不守也。近虽品增于昔，而多寡惟宜；直祭供办，而彼此莫同。用亵味而贵多品，则后者难为继，非所以一孝思而明洁齐也。且忌日不知迁主而混设于祖龛，非所以尽一日追慕之诚也。古者笾豆俱偶，偶

者阴数，交神当阴，从其数也，礼云"四簋六瑚"是也。今俗尚五，五则阳数，以阳求阴，非理幽之道也。夏为曾祖继别之宗，岁在壬戌读礼之日，而直备祭品之年，于是略仿古人之制，酌今之宜，为吾家宗庙祭祀定式。生卒之日祭均其品，而卒日之祭加一全牲，牲用少牢。吾祖大夫之后，祭用死者之分，因而俱用之，衍先世之遗荣也。牢不熟荐，取古者血食之义也。牲必备畜，重止十斤，取古者用犊之义也。不牢则鹅，鹅者吾家故用为牲，务极肥腯，从先祖之遗训，不可以不恪也，必如是而后可以告充也。牲置于俎，而品陈于豆，豆行各六，为行者五，五六三十，当地之数，阴之全也。次牲以果，果以时也，如时无果，干者代之。次果以蒸食糕包、馒头、糍饼之类，次蒸食以脯醢羊肉、肝蹄、鸡鸭之类，次脯醢以河海之鲜鱼、虾之类，次鲜食以畦圃之蔬瓜果、豆腐之类，俱以充豆而止，豆各一味，慎不可偶也。古者盛黍稷以簋，今代以瓯，实面饭羹茶以四为列，注酒以盏，挂箸于旁。至日，陈设于堂，迁主以祭。序立跪而上香，参神四拜，跪而酹酒。读祝献者三，复位。致拜者四，焚祝送主。然后割牲分馔，聚其主所出之子姓而享之，六人一席。席设时果一，蒸食二，牲与脯醢鲜蔬各二，酒七行，饭以饱为度。清明祭于墓，品如之。岁暮合祭于祖龛，品如之，惟瓯以主增。此虽未必尽今昔之制，庶几为可继之规。先簿正祭器之义，若必诚必慎，必精必洁，则在孝子慈孙之自尽矣。

按礼有庙祧、坛墠及鬼之制，以祖之远近为别也。祖有高、曾及祖之称，而服缘之不同也。若然，则有终身之丧，忌日之谓者，不宜于远祖，而皆通矣。由此义求之，则自高祖而下，忌日之祭宜也。自六世祖而上，不宜杀耶。若然，则远祖不祭矣可乎？在礼，士、庶人于远祖无祭也。其曰冬至祭始祖，立春祭先祖，乃天子、诸侯之礼也。故程、朱疑其僭，而后不敢行也。然岁首称庆，自天子达于庶人，共用于亲，不云僭也，何疑于冬至之祭祖？窃以六世以上之祖，祭不忌日，而以冬至宜也。若立春，则岁有元春，或有二春，不若冬至而岁一。行为称槐叔夏议，俟谱成行之，今不及也。书以示后。

三宗祀议

窃惟庙宇所以妥祖灵，邱陇所以藏祖魄，两者并重。幸而庙貌素严，封阡无恙，蒙安袭故，差可相安。若夫一橼之宇，云礽与祖祢丛居，数亩之丘，狐兔与麒麟共卧。突烟炊于俎豆，上漏旁穿。断碣问诸水滨，鸠居鹊巢，岂无数千之族指，适计屈于举嬴？亦有蒿目之孙曾，只凄迷于故垄，所赖藏书有祖，灵爽在天，缘积厚以流光，遂蝉联而鹊起，深思水木，悼怵松楸，

诛卧榻之余魂，出马鬣于重丘之下；新盖头之故寝，起翚飞于错绣之皋，斯不亦祖功宗德同其不迁，春露秋霜庙食无穷者哉！我始祖节斋公，方胜国时从姑苏南徙，四叶单传，合葬东塘。中值仇家之难，扫除不时，夷为守者之居，子孙太息。我金宪方昼绣之初年，承先公之严指，七日秦庭之哭，义不戴天，一朝泗水之浮，魂归埋玉，苍苍郁郁，三千之气弥佳。子子孙孙，一发之钧不坠，且甲第为破天荒之始，在宗祊有旋地轴之功。亦越五世，而我中宪公显念仁祖拓基启宇一旦圮于兵燹，缵封翁裕后光前，百年增其式廓，购东西之丙舍，拓庙享之中堂。岁时伏腊，申历代之旷仪；谱牒备明，辑一宗之巨典，以忠厚正直培元气。盖逾六十余年，以文章道德祀謦宗，大允乡间众论。有子计部公蚤成进士，益广先献，乍予告以归田，首阅祠而考筑，环居子姓，盖落落于重迁，昂直受金，举欣欣而他徙。前辟朝庭，后营寝室，恢以两庑，亘以修垣，翼翼如也，言言如也。斥俸金八百余两，不召宗人一钱，在乡人二百年来，皆谓睹未曾有。嗟乎！行墟墓者生哀，况值周原之改物；视榱桷者思敬，奈索郑赋之实难。惟三公接武登朝，位皆不配其德；惟三公敬亲率祖，功均可祀于乡。隆往所以劝来，配享允孚舆议。爰稽故事，用副嘉辰，谨涓王正望日壬戌之吉，送主入庙，永光祀事。继今以后，凡仁祖之子姓，有爵有功者俱得祔庙配食，世有盛典，顾不休与谨议。

万历乙卯王正望日立石。

祭仪纪言

予家世旧矣，于何家礼未定？祖从回教也。回教维何不用刚鬣，不焚楮帛，相率西向而拜。我汾溪公首登仕籍，以大夫之礼祀其先，回教未敢有违。嗣而槐江公、午亭公、哲初公，三世联登甲榜，家声振矣。回教虽几乎息，然于祖制未忍尽更。维时礼用九拜，饮宗老，燕子衿，彬彬然有尚齿尚贤之风，猗欤盛哉！今回教已矣，文物不振，子孙罔忌，过庭鲜诗礼之训，入庙无尊敬之思，有乖祖制，殊失礼仪。雁水侄假归，闻而忧之，适值我汾房直祭，商予采《文公家礼》，裁定三献以为家规。夫礼之宜遵，岂特一家哉！礼明则分定，则亲亲长长之义，于是乎推斯举也。纵不敢云纯备，而敬祖睦族之意亦可少伸万一。尔合将仪则，其具列于左：赛典赤回回瞻思丁氏，遵《文公家礼》，酌定春冬祭仪，则绅衿宦裔行初献礼，取尚贤之义；饮胙宗老，行亚献礼，取尚齿之义；宗侄宗子行终献礼，取继祢之宗之义；读书子姓另行恭拜，取奖劝后学之义。前期三日，斋戒习仪。前期一日，洒扫涤器，省牲具馔。届期，质明盛服入祠，供茶设位陈馔。主祭到祠，传炮一声。陈馔毕，传炮二声。子姓祭毕，传炮三声，随即行礼。

祭毕，传炮三声。

康熙三十八年己卯阳月，十二世孙清撰。

定例为识：状元、翰林五圈，进士及六品四圈，举人及七品三圈，贡生及八品二圈，监生、乡饮宾九品、秀才一圈，读书只注读书。

重立大宗祠蒸尝簿序

大宗祠之有蒸尝簿也，自昔已然矣。其课祀之费皆取息于田业、海荡等项，记载备详。缘旧簿已经散失，无从稽查。兹再为创建，其所载者，第存其略，不能备详矣。凡我族人，苟能即目前之例，遂而行之，勿逞跋扈，勿行霸占，又奚患课祀之有或缺需哉？则世世子孙共保守于勿替，其责又在后人矣。是为序。

道光九年己丑桐月榖旦，十七世孙嗣曾撰，十八世孙大业书。

祀业

一通海每年湿生白蛤、青蚬，就所生多寡，通族子姓向公议价给赎，不得违例。

一丁擅港海一带。

一洋埭乡林，每年应纳硬租一十八担，冬祭收用。

一大沙港海一带。

一乌边港海一带，每年估赎，冬祭收用。

一东塘头园税，每年二千五百四十一文。

一沪地每年给赎，春祭收用。旧簿载现银十二元。

一通海每年种蛏，应量蛏笺订钱三十文，冬祭收用。旧簿戴此例，今废弛，姑志以俟。

附《洋埭林姓认佃字》：

立认佃字人洋埭乡林启观、皆观、庆观、苗观、进生、俊生、天角、仕月、遭观、存仁、双表、呵桂、朝光、光榴、姜儿等，今向丁大宗给出海坪土名丁公港一所，前去用工修筑开垦成田收粟，言约每年完纳硬租一十八担，每担重一百勉，不逾年岁丰歉，俱当照额完纳。每年限九月收粟完粟纳，不敢挨延短欠，亦不得转卸他人。倘日后埭田被海水冲坏，其海坪仍还丁

大宗。今欲有凭，同立认佃字一纸，付执为照。

　　道光三年六月□日，同立认佃字人洋埭乡林启观、皆观、庆观、苗观、遭观、进生、双春、俊生、姜儿、朝光、天角、仕月、呵桂、光榴、存仁。

　　林元观书。

规例

　　一道海海荡例应六年翻版，另行换批估贌，不得违例。

　　一主社四人，凡有湿生，每十二份主社得二份。

　　一道海所有新浮海荡，俱应通族合贌，不得私贌，致启争端。

　　一春冬二祭，祭筵十二席，每席订钱九百五十文。订以房长一、宗老一、主社一，余则绅衿宦裔及读书应试子姓，不得混争。

　　一主祭以爵，爵同论齿。

　　一每年元正，主大宗事者敬奉桔枹、珍味、花枝、大烛、连炮。

　　一每月朔望，主大宗事者敬奉香烛、清茶。

　　一祠宇以清肃为主，管大宗者逐日洒扫。

　　一每船入港订赛钱一百文，以供朔望香烛之资。

　　一大宗埕订贌钱七百文，免致收成之日子姓纷争。

　　一迎神、祈雨、普度，管大宗者应燃灯放炮，供香案烧金烟茶，不可失礼。

　　一端午、中秋、冬至，管大宗者应敬奉面饼珍圆，庆令节也。

　　一春、冬祭各全羊一只。羊首分与主祭者。

　　一每席祭味订十八味：全鸡、牛肚、牛肉、鸭、羊肉、目鱼、芋、糕、包、蛎等，香菇、蛏干、虾米、蓼花、粉、饭、茶。

　　一主祭者分祭品一份，订以羊头一、大饼一、龟四、桃四、粽四、桔四，蓼花、角饼、饼龟、蔗匝各四。

　　一读祝者分祭品一份，订以大饼一、桔二，龟、桃、粽、饼龟、蓼花、角饼、蔗匝各四。

　　一唱班者分祭品一份，订以大饼一，龟、桃、粽、蓼花、饼龟、角饼各二，蔗匝四，桔一。引礼亦如之。

一礼生六人，分惠如唱班者，仅杀大饼一个。

一绅衿、国举各如礼生，分祭品一份。

一写联者分祭品一份同上。

一写祝文、告词、班仪、路头帖者分祭品一份同上。

一排祭桌、上器物者各分祭品一份同上。

一主社四人，各分祭品一份同上。

一房长三人，旧簿本无分惠之例。近有存见小之思者，姑以龟、桃、粽各一，蓼花各一，角饼、饼龟各二与之。

一各祭桌上应备酒瓶一，茶瓶一，酒盏、汤瓯、茶杯、牙箸各十二，香炉、烛古、桌裙、拜单各一排。排桌者自办。

一读书子姓有能登第科者，向公领坊匾银四十大圆，入泮者领花红银四大圆，乡试者领赆仪一圆，所以奖劝读书子姓也。

祭规

初十日，祭筵十二席，每筵十八味：全鸭、牛肚、牛肉、肋、鸡、羊肉、目鱼、煎、状元糕、珠包、芋产、蚵、香菇、蛏干、虾米、鱼、蓼花、面干、菜汤、饭。公订钱。宗老斯文筵上分饼四员，蓼花二员。成人子姓分饼八员，蓼花二员。饼十二个斤，花二十四个斤。忌辰，子姓成人分饼四员，蓼花二员。饼十个斤，花二十四个斤。

禁约

一大宗祠内系子孙读书之，不许闲人喧哗、游戏及暑天夜睡。

一祠内椅桌只供祭祀取用，不许私借搬出。

一元正及素时不许祠中赌博。

一大门及东西厅门，唯春冬及讳晨大开，常时关闭，不许擅自开放。

一大内扇不许拆去演戏御岸。

一大宗埕前不许堆积蛏壳、涂粪。

一祠内不许贮积物件及修篷、打索、晒曝等类。

祭品器物

合备之品：大斗柚、五兽、柑、龟、桃、粽、大饼、角饼、饼龟、蓼花、蔗匝全羊。

合备之器：八仙桌、合桌、桌帏、几桌、烛台、几桌帏、香炉、三事、合桌、桌帏、大爵、礼瓶、银盏、牙箸、酒瓶、茶瓶、茶瓯、铜盆、茅沙、拜单、面巾、大盘、中盘、果盒、馔盘、长椅、交椅、红彩、大灯、烟吹、锡盘、龙烛、案头灯、铳。

合备之物：大烛、心红、香末、束柴、香、茅沙、炮、告词、祝文、班仪、铳药、铳心、酒、饭、柴、茶心、炭、花枝、花串、联纸、毛血。

告词式

主祭孙某等，今以孟春（仲冬）之月，有事于

始祖考妣、列位祖考妣，祖伯叔母婶，宦裔伯叔，伯叔姆婶、兄嫂，

敢屈

尊灵降居神位，恭伸奠献。

班仪式

绅衿宦裔、读书子姓，照世升阶行礼，序立，班齐，降神一揖。

主祭者诣盥洗所，盥洗。

主祭者诣香案前，焚香。跪，上香，再上香，三上香。读告词。俯伏，兴；拜，兴；拜，兴；拜，兴；拜，兴。平身。

主祭者复序立位，鞠躬拜。众通拜，兴；拜，兴；拜，兴；拜，兴。平身。

主祭者诣中座列祖考妣神位前侑食，陈馔，拜，兴；拜，兴；拜，兴；拜，兴。跪，上香，再上香，三上香。酌酒，献酒，再献酒，三献酒，遍斟酒。进肝，进面，进大羹，进食，进饭，进铏羹，进茶。俯伏，兴；拜，兴；拜，兴；拜，兴；拜，兴。平身。

主祭者诣东座神位前陈馔，拜，兴；拜，兴；拜，兴；拜，兴。平身。跪，上香，再上香，三上香。酌酒，献酒，再献酒，三献酒，遍斟酒。进肝，进面，进大羹，进食，进饭，进铏羹，进茶。俯伏，兴；拜，兴；拜，兴；拜，兴；拜，兴。平身。

主祭者诣西座神位前陈馔，拜，兴；拜，兴；拜，兴；拜，兴。平身。跪，上香，再上香，

三上香。酌酒，献酒，再献酒，三献酒，遍斟酒。进肝，进面，进大羹，进食，进饭，进铏羹，进茶。俯伏，兴；拜，兴；拜，兴；拜，兴；拜，兴。平身，香案前跪，众通跪。

读祝者就位，跪，乐止，俯伏，读祝文。兴，平身。

主祭者复序立位，鞠躬拜。众通拜，兴；拜，兴；拜，兴；拜，兴。平身。焚祝文，瘗毛血，参神一揖，相向一揖。礼毕，退下阶。

饮胙宗老，照世升阶行礼，序立，鞠躬，拜，兴；拜，兴；拜，兴；拜，兴。平身。参神一揖，礼毕，退下阶。

大宗祠春冬祭文

维

乾隆某年岁次孟春（仲冬）之朔干支越某日，直祭孙某等，谨以柔毛清酌庶馐之仪，奠告于

一世祖考节斋公	妣荣寿陈孺人
二世祖考述庵公	妣顺正陈孺人
三世祖考硕德公	妣贞淑苏孺人
四世祖考仁庵公	妣淑懿庄孺人
四世祖叔朴斋公	妣蔡氏孺人
五世祖伯毅庵公	姆宜家蒲孺人
	懿恭王孺人
五世祖考诚斋公	妣精玉陈孺人
五世祖叔英杰公	妣懿德施孺人
六世祖伯龙隐公	姆仁懿陈孺人
六世祖伯中斋公	
六世祖考毅斋公	妣静顺尤孺人
	徽柔黄孺人
七世祖考节轩公	妣慈淑庄孺人
七世祖伯敦朴公	姆宽泰傅孺人
	慈爱王孺人

七世祖叔淡斋公　　　妣贞顺颜孺人

七世祖叔明恩例冠带乡饮大宾九十一翁颐隐公

八世祖考守素公　　　妣顺约王孺人

　　　　　　　　　　贞一王孺人

八世祖叔明廷试贡元浙江金华府金华县儒学训导署金华县知县平庵公

八世祖叔静庵公　　　妣淑慎杨孺人

　　　　　　　　　　淑贞金孺人

　　　　　　　　　　宽厚邵孺人

八世祖叔明赐进士奉议大夫四川提刑按察司佥事汾溪公

八世祖叔明敕封承德郎南京工部营膳司主事后吾公

九世祖伯明赐进士广西梧州府知府诰赠通议大夫刑部右侍郎崇祀乡贤槐江公

九世祖考则古公　　　妣慈顺蔡孺人

九世祖叔明乡进士文林郎九溪公

九世祖叔明敕赠文林郎广东广州府增城县知县乡饮大宾中汾公

十世祖伯明诰赠通议大夫刑部右侍郎肖槐公

十世祖伯明赐进士承直郎南京户部江西清吏司主事午亭公

十世祖叔明赐进士广西都使司佥书署都指挥佥事蓬江公

十世祖叔明乡进士奉直大夫直隶和州知州乡饮大宾八十一翁瀛江公

十一世祖伯明赐进士通议大夫刑部左侍郎赠尚书哲初公

十一世祖伯明乡进士奉训大夫广东崖州知州五从公

十一世祖叔象庭公　　　妣勤慈黄孺人

十一世祖叔青紫公　　　妣慈惠潘孺人

十一世祖叔清赠文林郎顺天永清县知县东畴公

十一世祖岁进士文林郎广东合浦县知县衷瑾公

十一世祖叔槐江公　　　妣贤范李孺人

十二世祖伯清诰赠朝议大夫兵部武选司郎中加一级颢初公

十二世祖叔清恩进士奉直大夫陕西庆阳府宁州知州加一级候补知府雨航公

十三世祖伯清诰授通议大夫湖广湖北等处地方提刑按察使司按察使雁水公

祖功宗德，福泽流长。文武忠孝，贻谋永昌。值兹开泰（阳复），禴（烝）祀是煌。启毛取血，清酒苾香。员方集俎，荐以都梁。燕斯乐斯，介福无疆。

尚飨

祠堂祝文（四首）

惟我始祖，功德在天。如木培根，如井濬源。
佑启我后，食报于今。岁序流易，讳日复临。
追远感慕，如将见之。祗祀有严，神鉴在兹。一世祖

我祖英迈，相协厥居。陈江启筑，卜世千余。
光前裕后，食报于今。岁序流易，讳日复临。
追远感慕，如将见之。祗祀有严，神鉴在兹。三世祖

惟我府君，拓基濬泽。源仁滋培，蕃衍千百。
光前裕后，食报于今。岁序流易，讳日复临。
追远感慕，如将见之。祗祀有严，神鉴在兹。四世祖

惟我孺人，少师之裔。归于仁祖，媲德伉俪。
光前裕后，食报于今。岁序流易，讳日复临。
追远感慕，如将见之。祗祀有严，神鉴在兹。四世祖妣

恭拟大宗祠春祭祝文

於穆显考，茂德渊冲。率由嘉则，传之无穷。
三叶重光，纂戎洪绪。允迪前徽，贻我高矩。
四祖正家，妥绥天保。启土虽难，有秩斯佑。
肇自初创，昌辉在阴。四教罔忒，女史司箴。
庶显于后，备致嘉祥。服藻垂带，穆穆煌煌。
乃营三宫，榱题黮黮。炳焕可观，高门列驷。

文昭武穆，奋荣扬辉。品物咸秩，无替前规。
礼行宗祀，有事上春。纠宗绥族，□□□□。
竭诚尽敬，俎实非馨。其馨如兰，惟祖惟曾。
乃眷斯顾，盛德日新。龙骥翼翼，福禄来臻。
瞻波洛矣，维水泱泱。皇矣上帝，长发其祥。
如贾三倍，经营四方。聿来胥宇，至于海邦。
昭哉嗣服，载锡之光。帝迁明德，居国南乡。
克开厥后，维德之行。允文允武，金玉其相。
路寝孔硕，蹻蹻跄跄。式序在位，先祖是皇。
日月阳止，孝孙有庆。洒扫庭内，絜尔牛羊。
既备乃奏，吹笙鼓簧。为酒为醴，为餴其香。
曾孙为主，左右奉璋。大小稽首，曰求厥章。
神其醉止，顾予蒸尝。假以溢我，降福穰穰。
凤凰鸣矣，于彼高冈。如飞如翰，载见辟王。
玄衮赤舄，纯嘏尔常。以绥后禄，申锡无疆。

恭拟大宗祠春祭祝文集文选句

於穆显考 曹植　　　　茂德渊冲 陆机
传之无穷 陆佐公　　　率由嘉则 王桀
三叶重光 刘琨　　　　贻我高矩 张茂先
纂戎洪绪 王子渊　　　允迪前徽 顾延年
女史司箴 张茂先　　　四祖正家 陆云
启土虽难 陆云　　　　穆穆煌煌 班孟坚
妥绥天保 陆机　　　　有秩斯佑 陆机
高门列驷 左太冲　　　肇自初创 潘岳
昌辉在阴 顾延年　　　无替前规 王仲宝
四教罔忒 谢朓　　　　庶显于后 韦孟
维孝享亲 顾延年　　　备致嘉祥 张子平

服藻垂带 陆云	乃营三宫 张子平
榱题黮黗 佐思	炳焕可观 王延寿
文昭武穆 谢朓	奋荣扬辉 嵇康
品物咸秩 陆云	礼行宗祀 顾延年
有事上春 顾延年	纠宗绥族 张子平
俎实非馨 顾延年	竭诚尽敬 束晳
其馨如兰 嵇康	惟祖惟曾 潘安仁
乃眷斯顾 陆机	盛德日新 潘岳
龙骥翼翼 嵇康	福禄来臻 陆士龙

恭拟大宗祠冬祭祝文集颂句

瞻彼洛矣	维水泱泱《瞻彼》
皇矣上帝《皇矣》	长发其祥《长发》
如贾三倍《瞻卬》	经营四方《北山》
聿来胥宇《绵》	至于海邦《閟宫》
昭哉嗣服《下武》	载锡之光《皇矣》
帝迁明德《皇矣》	居国南乡《殷武》
克开厥后《武》	维德之行《大明》
允文允武《泮水》	金玉其相《棫朴》
路寝孔硕《閟宫》	跻跻跄跄《楚茨》
式序在位《时迈》	先祖是皇《楚茨》
日月阳止《采薇》	孝孙有庆《閟宫》
洒扫庭内《抑》	絜尔牛羊《楚茨》
既备乃奏《有瞽》	吹笙鼓簧《鹿鸣》
为酒为醴《丰年》	为飶其香《载芟》
曾孙为主《行苇》	左右奉璋《棫朴》
大小稽首	曰求厥章《载见》
神其醉止《楚茨》	顾予蒸尝《那》

假以溢我《维天》	降福穰穰《执竞》
凤凰鸣矣《卷阿》	于彼高冈《卷阿》
如飞如翰《常武》	载见辟王《载见》
玄衮赤舄《韩奕》	纯嘏尔常《卷阿》
以绥后禄《楚茨》	申锡无疆《烈祖》

祖神主入大宗祠合祭祝文

大宗祠自午亭公重建，康熙乙丑倾损不可复睹，雁水公捐清俸百金，倡族人重新完其中宫。嗣而宴堂及周庑相继倾圮，中堂旋即生蚁，列祖神主迁避于新衙。岁甲申，金议循三宗祀议拓募，子姓有能捐四十金并力重新者，录其功，追报其祖考妣神主入庙祔享，得十一人董事。至腊月中宫告竣，宴堂盖居周庑排楼陆续兴工，詹于望日迎列祖归庙，请雁水公并十一人董事祖考妣升祔，是日列席台祭焉。

祖功宗德，福泽流长。秋霜春露，思慕彷徨。
溯自开创，肇建祠堂。规模宏远，制度精祥。
正嘉而后，列宦高翔。因基拓地，缵绪恢张。
三宗嘉赖，岁荐馨香。祭仪赫赫，于今弥煌。
岁在乙丑，废堕修治。我枭宪公，首倡而施。
更拓祭业，乐利粉披。庙堂登配，高福攸宜。
自从修举，周庑迟迟。宴堂旋圮，风水差移。
二十年所，蚁嚼柱榱。神主迁避，孙子心怀。
乃稽祀议，功爵并尸。金谋循例，招募孙支。
并力重建，予其孝思。追本其祖，祔享馂牲。
兹当考筑，工力驰逐。循矩依方，庙貌矗矗。
享馈斋庖，仍旧构屋。阀阅閈闳，稍加文郁。
护以高楼，列屏方幅。运土填石，落成仵卜。
乃趁利辰，肃将蘩蘋。奉迎列祖，庙飨明禋。
世有盛典，从祀千春。斯洽旧例，俎豆方新。
报功之举，族议谆谆。祖伯叔考，升祔宜諲。

仅亢牲礼，昭告明神。来歆来格，锡嘏振振。

尚飨。

咸丰十年正月重挂大宗祠科名匾告庙祝

繄人文之济美，实宗祀之发祥。仰燕贻于先世，肇麟趾于克昌。簪冕蝉联，爱孙支之挺秀；衣冠鹊起，藉祖德以流光。恭惟祖考妣，聚书著教，积善余庆。鹿兆灵钟，既丁财之兼擅；豹文蔚起，尤田第之传芳。破天而掇巍科，双莲启瑞；出地而冠闽士，一桂飘香。此固美绍于前，前烈克笃。然而祥开厥后，后进愈彰，则有镳联蕊榜，爽竞草塘。筮仕而政著金陵，子民则名宦慕蚁；秉旄而威宣铜绶，甲帐则儒将飞骧。迨乎骥种凤毛，齐奋鹏程于簪杏；虎候豹旅，各成鹗荐于穿杨。莫不铁钺银章，累累若若；文韬武略，济济跄跄。而传家之忠厚，方食报其难量。天启而降，洎乎端皇，六试七龙，弥播家声于梓里；两科四凤，群瞻国器于梧冈。其中则报主贞心，赴义力伸夫大节。此外有事亲割股，舍身期报乎高堂。此又盛时之极盛，然亦未艾而未央。圣朝鸿文，云丽骏教日旸。特达见知，鸠聚垂两湖之绩；乘时佐命，鹰扬扫二岛之烽。同胞六簪缨，竞欣司冠有子。一岁三科第，无愧彼都之望。凡皆先绪之栽培，章含时发。又见后昆之继起，源远流长者也。时则涒滩，岁届太簇律扬。庙貌鼎新，丕焕美轮之气象；孙曾萃庆，同培文运于辉煌。顾兹题名之盛匾，还念前代之远扬。麟次而仰弥高，敢谓后来居上；雁行而序不失，无嫌改辙更张。从兹丹桂攀馨，共种谈经于虎观；青黎绚彩，同听奏曲于霓裳。峨冠而杏苑，探花向日，则鸾停鹄峙；衣绣而兰坡，珥笔步云，则凤骞龙骧。是又蒙庥永赖，而泰运无疆也。尚飨。

十九世孙宝书拜撰。

一九九五年桂月衍台宗亲回乡谒祖祭文

维

公元一九九五年，岁次乙亥桂月之朔，主礼人裔孙东德率衍居台湾及在籍合族子姓，谨具清香鲜花，昭告于

始祖节斋公暨列祖列宗考妣之灵曰：

祖功宗德，福泽流长。文武忠孝，贻谋永昌。

溯自开创，肇基陈江。宗祠恢宏，制度精详。

三宗嘉赖，列宦高翔。衍居宝岛，缵绪鹰扬。
　　秋霜春露，思慕彷徨。相期结伴，谒祖份乡。
　　在籍子姓，悦豫共襄。值兹桂月，祀尝是煌。
　　袭循先例，合荐馨香。燕斯乐斯，介福无疆。
　　谨此昭告，聊表微衷。伏维

尚飨。

陈埭丁氏祠堂重修落成庆典祀祖仪式祝文

维

公元二二年，岁次壬午桂月十四日，主礼人二十世裔孙显操率海内外合族子姓，虔诚盥沐，敬具清香鲜花，昭告于

始祖节斋公祖妣暨列祖列宗祖妣之灵前曰：

　　祖德宗功，福泽流长。秋霜春露，思慕彷徨。
　　溯于渊源，来自天方。海丝之路，踏进我疆。
　　姑苏行贾，辗转刺桐。教宗回回，清真流风。
　　元末桐城，战乱兵荒。三传硕德，避居陈江。
　　环江负海，植业海荡。仁祖开支，族拓业隆。
　　于今而后，贻谋永昌。文武忠孝，列宦高翔。
　　因基拓地，肇建祠堂，规模宏伟，回形独创。
　　中阿文化，相互交融。示意儿孙，渊源莫忘。
　　数百年来，风雨沧桑。蚁嚼瓦腐，子姓忧忡。
　　回委举议，族人共襄。内外子姓，缵绪鹰扬。
　　欣此盛世，机会难逢。省府报批，文下意同。
　　上级拨资，更觉意重。内外族人，集资解囊。
　　照旧而施，依法循章。去夏启土，腊月竣工。
　　回族史馆，展现两廊。堂构焕新，文物重光。
　　奉迎列祖，祔享中堂。值此桂月，祀尝是煌。
　　循袭先例，合荐馨香。燕斯乐斯，福泽无疆。

谨此昭告，聊表微衷。伏维

尚享。

关于省级文物保护单位陈埭丁氏祠堂整修的请示报告

晋江市文物管理委员会：

省级文物保护单位——陈埭丁氏祠堂位于晋江市陈埭镇岸兜村，始建于明代，坐北朝南，由正门、前庭、中堂、后寝及廊庑组成。整座宗祠为砖木结构，建筑面积842平方米，是福建省内规模最大、保存最完整的回族祠堂。

丁氏宗祠建筑构成一个汉文"回"字形体，堪称奇特，装饰艺术则融合着汉回文化，是研究海外交通史及阿拉伯人入籍中华的实物依据。多年来接待了国内外的专家学者，1991年及1994年为联合国教科文组织海上丝绸之路考察点，也是陈埭丁氏族人和移居台湾同胞、海外侨亲回乡寻根谒祖的故地。

丁氏宗祠始建以来，屡经修葺，奈岁月悠久，1984年，丁氏族人自筹资金，省、县人民政府拨款资助，进行整修。由于整修规模不大，现部分木作及椽桷已有蠹朽之势，若不及时修葺，行将倾圮。为此，我们即会同有关人士对宗祠进行全面检测，充分讨论，一致认为必须进行较大规模的整修，并着手做好成立机构及一切筹备工作。特此报告，请予批复是恩，此呈。

晋江市陈埭镇回族事务委员会
2000年12月10日

抄送：晋江市委统战部、晋江市委宣传部、陈埭镇人民政府

重修陈埭丁氏宗祠告宗亲书

各位宗长：

吾族丁氏大宗祠始建于明代初年，建筑结构独具特色，装饰艺术融合着中外文化，是福建省内历史最悠久、规模最宏大、保存最完整的回族祠堂，1991年列为省级重点文物保护单位。

数百年来，祠堂虽历经修葺，然终因岁月沧桑，今中堂、后殿、两庑之屋顶破损雨漏，椽桷、木柱严重腐朽，若不加抢修，行将倾塌。众者无不以祠堂岌岌可危之势而朋兴"务当整修"之议。近些年来，吾宗族之泉州灵山祖墓群修建完善，《陈埭丁氏回族宗谱》编纂行世，唯祠堂将圮而无修，实有负先祖昔日之劳心，亦显失后裔应担之职责也！

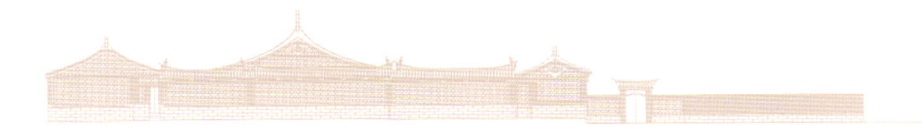

祠堂为祖先栖神灵之宅，子孙追孝思之所，筹资重修，已系吾族海内外宗亲之共同愿望。此几经殷殷倡议，通过认真酝酿，特成立"陈埭丁氏祠堂修建委员会"，并制订重修《章程》，统筹资金之鸠集及具体修建事宜。兹因祠堂之重修，工程浩繁、费用甚巨，全体宗亲务必积极响应，群策群力，慷慨捐资，为重修丁氏宗祠做出奉献！为表彰先进，永垂后念，经议定：

（1）凡捐人民币1000元以上（含1000元）者，在祠堂树碑志其芳名；

（2）凡捐人民币1万元以上（含1万元）者，在祠堂公德堂镶立22×30cm彩色青石影雕肖像；

（3）凡捐人民币5万元以上（含5万元）者，在祠堂公德堂镶立25×32cm彩色青石影雕肖像并做生平简介；

（4）凡捐人民币10万元以上（含10万元）者，以汉白玉雕塑其像并做生平简介置放于祠堂后厅功德堂中；

（5）凡族人为纪念已故亲人，奉献在5000元以上的，其亲人遗像用18×25cm青石彩色影雕镶立于祠堂后厅公德堂中。

盛世修祠，布告宗亲，凡吾子姓，共襄斯举，是以昭后世之孝思；亦不负祖先之遗训也。

专此敬颂族旺家安！

晋江市陈埭丁氏宗祠修建委员会
2000年12月20日

陈埭丁氏宗祠修建委员会

荣誉主任：丁木德　旅菲聚书丁氏宗亲会理事长
顾　　问：庄景辉　厦门大学教授
　　　　　王连茂　泉州市海交馆馆长
　　　　　丁毓玲　泉州市海交馆副馆长
　　　　　陈鹏鹏　泉州市文管办党支部书记
　　　　　出宝阳　泉州市文管办主任
　　　　　吴金鹏　晋江市博物馆副馆长
　　　　　谢文后　四境居委会党支部书记
主　　任：丁显操

常务副主任：丁文鸽　丁振沛　丁玉抗　丁桐志　丁金针
副　　主　任：丁德山　丁思勇　丁文恁　丁清权　丁思恩　丁钦才　丁荣业　丁长富　丁空军
　　　　　　　丁栽培　丁滨海　丁东树　丁火艳　丁庆民　丁霞生（平潭）　丁金练（东石）
　　　　　　　丁金生（安海）　丁　丙（泉州）　丁振华（崇武）
委　　　　员：丁文猛　丁德明　丁启煌　丁文标　丁文泽　丁维选　丁火满　丁南安　丁妈荷
　　　　　　　丁亚挞　丁国标　丁碧泉　丁满土　丁宗权　丁信忠　丁金榜　丁妈力　丁维果
　　　　　　　丁东坡（双沟）　丁文总（青阳）　丁三多（官桥）　丁芳在（福安）
　　　　　　　丁友进（福鼎）

陈埭丁氏宗祠修建工程监督委员会

主　　　　任：丁文骄
委　　　　员：丁上下　丁卖油　丁维仁　丁好求　丁和尚　丁碧元　丁文楷

陈埭丁氏宗祠修建委员会章程

一、宗旨

省级文物保护单位——陈埭丁氏宗祠，始建于明初，保存完整，建筑结构独特，装饰艺术融合着回汉文化，是省内规模最大、保存最完整的回族祠堂。由于岁月悠久，部分柱、椽、桷及木作部件已腐朽。为避免倾塌，更好地做好宗祠的保护保管工作，落实国家文物保护政策，特成立整修委员会，负责筹资及整修工作。

二、组织

1. 本会在省、市文管部门的直接指导下，由陈埭回族事务委员会领导组织，以七个回族村主干和老人会代表，及各界社会人士参加组成。修建委员会设主任一人、副主任若干人（内设常务副主任兼任各组组长并主持日常事务工作）、委员若干人。下设文史资料组、资金筹集组、现场管理组、财务管理组等机构。

2. 对维修工程有突出贡献的和特殊需要的，经常务委员会研究决定，可敦聘为本会顾问或名誉主任。

三、集资办法

1. 争取省、市、镇各级人民政府及文管部门拨款资助。

2. 以各回族村为单位，组织"资金筹集小组"，发动宗亲积极奉献。

3. 发动衍居各地及侨居海外宗亲自动捐献。

为表彰捐资者的热心和奉献精神，特做如下规定，以示永恒纪念：

①捐资 1000 元以上的，其芳名及数额统一竖碑勒石以志；

②捐资 1 万元以上的，青石 10 英寸彩色影雕肖像，以捐资数额多少按序排列于祠堂明显的位置；

③捐资 5 万元以上的，青石 16 英寸彩色影雕肖像并简介生平，排放于祠堂显要位置；

④捐资 10 万元以上的，汉白玉雕塑肖像并做生平简介，置放于祠堂中厅。

四、现场施工

1. 根据原来文物的独特风格，遵照文物保护法的规定进行施工，并保证维修后的质量。

2. 工程计算、规划、投标，要经常委会研究讨论通过，并选定工程的承包单位。

3. 部分工程的投标，应有两个以上工程单位的计划与核算，不得任意以感情关系随便承包给关系户。

4. 工程施工要建立施工制度，要设有实物经手、验收责任人及项目负责审批等手续。

5. 任何个人不得私自接受承包单位的回扣、宴请或其他娱乐活动，否则经常务会议讨论，给予撤销其承包关系。

五、财务管理

1. 要以廉洁奉公的精神、勤俭节约为原则，制订切实可行的财务管理制度。

2. 筹集的资金，必须在银行设立专门账户，做到专款专用。

3. 委员会全体成员要有秉公奉献精神，义务参加本会活动。除专职的现场施工管理人员给予适当的月津贴外，其他一律不予补贴。

4. 委员会成员要积极参与日常会议和正常活动，必要就餐时只能用工作餐，每人每餐最多只能报销 10 元（外出亦同）。车旅费非特殊情况，也只能按客车票标准报销，并实行严格审批手续。

5. 在整修施工的任何过程中，杜绝大办宴席等铺张浪费的不良现象。

六、附则

1. 为严格执行本章程，确保整修工程质量，本会敦聘回族村主干及社会人士代表组成监督委员会。本会及各组要诚恳地接受监督、检查或查询，虚心听取意见。

2. 本章程有关细则（制度）由各组自行制订，报经常委会通过施行。

3. 本章程经大会讨论通过后生效，宗祠修建落成及一切事务清理完毕，自动终止。

2000 年 12 月 20 日

修建丁氏宗祠共同责任书

丁氏宗祠是供奉列祖列宗、祭祀祖先、追思祖宗功德之场所，虽几经修建，奈因岁月悠久，近年又连遭白蚁侵蛀，椽桷蠹朽，行将倾圮，若不重加修建，实有负先祖昔日之劳心，而失后裔应尽之职责。为此族人聚商倡议，宗祠务当修建。去冬今春以来，在省、市文管部门的支持下，于四月初聘请三明市文物古建筑修缮工程处对宗祠进行全面勘测、规划、设计，编造修建方案。在回委会及各方面人士的积极筹备下，现已成立"修建委员会"和制订了《修建章程》。前期工作基本就绪，盛世修祠乃当今族人、回委会、回族七村两委、老年人协会之应尽职责，为此特于 6 月 11 日在丁氏祠堂召开回委会全体成员和回族七村党支书、村主任、陈埭片老年人总会正副会长联席会议，共同决定修祠大事，签订《共同责任书》，各负其职，确实保证修建工程的顺利进行。会议决定：

一、重申分工及其职责

1. 主任丁显操为总负责，常务副主任丁文鸽协理日常事务。

2. 资金筹集组由常务副主任丁玉抗为总负责，丁文恁、丁德山、丁空军、丁荣业、丁长富、丁栽培、丁滨海、丁庆民、丁火满各负其责。按计划筹齐资金，及时上交建委会财务组，确保工程按计划顺利进行。

3. 工程管理组由常务副主任丁振沛为总负责，丁东树、丁碧元协理，负责整个工程按计划有序实施，并做好现场管理，确保工程按质、按量、按时完成。负责洽谈各个项目工程的承包，并上报常务主任会议通过，严格按章程规定办理承包手续。

4. 文史资料组由常务副主任丁桐志为总负责，丁文猛、丁德明协理，确保宗祠拆建中文史资料的收集和保护，修建后的整理、编写和布置，确保不失、不漏。

5. 财务管理组由常务副主任丁金针为总负责，丁文恁、丁长富、丁荣业协理。会计由丁文猛，出纳由丁德明兼任。资金管理要严格按章程规定，把好资金运用关，确保工程所需。

二、工程监督委员会

由丁文骄任主任为总负责，负责对整个工程的技术质量、资金运用等的随时检查、监督。

确保整个工程的按质、按量、按时完成和资金的合理运用。

三、资金筹集，按原协定 15.3 份，每份 15 万元为计算各村任务基数，上不封顶，由各村党支书、村主任负总责，协同老年人分会组建筹资组，统一负责集资，分别于 6 至 7 月份筹齐上交建委会，财务管理组于每月 1 日、15 日通报筹资进度情况。

四、各组应严格按《修建章程》的规定办事，并自觉接受监委会检查、督促。

五、由陈埭片老年人总会负责择日动工修建。

六、主体工程应于今年底竣工，并做好验收工作。

特立此书，共负其责。

参加者签名：丁显操　丁文鸽　丁振沛　丁荣业　丁金针　丁玉抗　丁东树　丁火艳
　　　　　　丁火满　丁长富　丁桐志　丁文猛　丁德明　丁空军　丁维选　丁文泽
　　　　　　丁文标　丁碧泉　丁良彩　丁亚挞　丁金棒　丁碧元　丁妈荷　丁尚范
　　　　　　丁东坡　丁德山　丁金练　丁金生　丁团书　丁钦财　丁思恩　丁国标
　　　　　　丁思勇　丁文娇　丁清权　丁滨海　丁栽培

省、泉州市、晋江市三级文物管理单位审议修建丁氏宗祠会议纪要

会议于 2001 年 2 月 8 日下午在陈埭丁氏祠堂接待室召开。出席会议的有省文物局、泉州市博物馆、泉州市文管办、晋江市博物馆、晋江市文体局的领导和专家 11 人，我方参加会议的有回族事务委员会、陈埭片老人总会、江头村老人会、岸兜村委会、溪边村委会、鹏头村委会的负责人和代表 13 人。

会议由回族事务委员会主任丁显操主持，并就"丁氏宗祠"的历史和现状，以及修建的初步方案、修建工作的筹备情况，向会议做了详细介绍。回族事务委员会常务副主任丁文鸽同志也做了补充发言，回答了省文物局提出为什么要修建、怎样修建和资金来源等问题。在听取汇报、进行现场勘查之后，省文物局郑国珍副局长、泉州市博物馆许伟龙，泉州市文管会出宝阳、陈鹏，晋江市博物馆副馆长吴金鹏、晋江市文体局王远坤等领导和专家，就如何修建好省级文物保护单位——丁氏宗祠提出了意见和建议。会议经过热烈认真的讨论，认为：

（一）陈埭回族历来对历史文物的保护管理工作是做得很好的，因丁氏宗祠最后一次全面修建距今已有 100 多年，部分柱、椽、桷及木制构件已腐朽，屋顶和墙壁的有些部位已变形、凸肚，有必要进行修建。

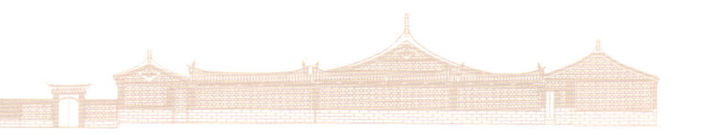

（二）宗祠是省级文物保护单位，修建保持原貌是原则，保留原来回汉文化融合建筑风格的独特性是关键，宗祠的总体布局、结构、雕刻、范围、高度等都要保持原样，达到修旧如旧、整洁美观。

　　（三）不必全面翻建，可以揭顶维修，局部更换。砖墙处理，原则上要做到可以不动的就不动，油漆注意原来是什么颜色就什么颜色。

　　（四）修建要严格遵守规范化、程序化。修建前要进行测绘、拍照和录像，要做好方案设计和预算，要做好施工图设计和绘图。

　　（五）设计施工单位要请有资质、有修建过古建筑经验的古建筑队。应请两个以上建筑设计单位进行方案设计和预算，然后进行投标确定承建单位。

　　（六）修建要包括周围环境的整修，消除搭盖，尽可能扩大周边范围，建立保护墙。

　　（七）在修建过程中应注意文物、石雕、木雕、泥雕的保护和水、电与消防设施的建设。

　　（八）审批应附：报批报告、勘测报告、方案设计说明书、图纸和预算表、现状照片、录像资料等。

　　最后由丁显操同志代表陈埭回族事务委员会发言，感谢各有关领导和专家给我们提出的修建丁氏宗祠的原则和方向。在修建中，我们一定要认真把握方向，注意原则，修建后的丁氏宗祠将保持原貌、特色，而且更加整洁美观，使关注丁氏宗祠的海内外人士觉得修建后的丁氏宗祠还是原来的丁氏祠堂一样。

陈埭回族事务委员会
2001年2月8日

晋江市文化体育局关于申请审批陈埭丁氏宗祠维修方案的请示

晋文体〔2001〕20号

福建省文物局：

　　陈埭丁氏宗祠系省级文物保护单位，坐落于晋江市陈埭镇岸兜村，该建筑始建于明永乐初年，万历二十八年（1600年）重建。自清代至1984年经6次修葺。宗祠由下厅、中厅、后厅及东西廊组成，整座建筑为石、砖、木结构，结合了闽南地区传统建筑的形式和回族民族特征，建筑总平面近似回字形，占地面积1359.73平方米，建筑面积为653.17平方米，是福建省内

现存规模最大、保存最完整的回汉建筑风格相结合的古建筑。因历久未修，柱椽蛀损，墙体开裂倾斜等现象比较严重。如不及时维修，有倒塌破坏之危。经聘请三明市文物古建筑修缮工程处对该建筑进行为期二个月的勘测，制订维修设计方案。维修方案本着"保护为主，抢救第一"的工作方针、"不改变文物原样"的原则，保存原来的建筑形制，保持原来的建筑结构，保存原来的建筑材料，保存原先的工艺技术。现将维修设计方案报上。

专此请示，如无不妥，请批复。

附件：

1. 晋江市陈埭丁氏宗祠维修工程现状照片；
2. 晋江市陈埭丁氏宗祠维修工程勘测图；
3. 晋江市陈埭丁氏宗祠维修工程设计文件；
4. 晋江市陈埭丁氏宗祠维修工程设计图。

晋江市文化体育局　2001年6月4日

抄送：泉州市文管办、晋江市文管办、陈埭镇政府、陈埭回族事务委员会、陈健倩副市长

存档（2）

陈埭丁氏宗祠维修工程施工合同

甲方：晋江陈埭丁氏祠堂修建委员会

乙方：三明市文物古建筑修缮工程处

按照《中华人民共和国经济合同法》、《建筑安装工程承包合同条例》和《中华人民共和国文物保护法》的原则，结合本工程具体情况，双方达成如下协议：

1．工程概况：

（1）工程名称：晋江市陈埭丁氏宗祠

（2）工程地点：晋江市陈埭镇岸兜村

（3）工程内容：详见维修工程设计图

（4）承包范围：维修陈埭丁氏宗祠

（5）开工日期：2001年8月1日

（6）竣工日期：2001年12月30日

（7）应达到质量等级：合格（通过省文物部门验收）

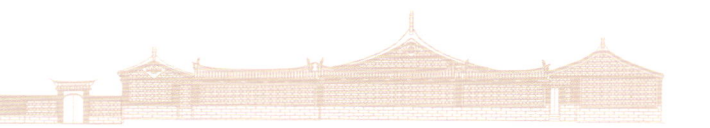

（8）合同价款：人民币 631715.94 元整

2.（1）合同文件适用法律、法规：《中华人民共和国经济合同法》、《建筑安装工程承包合同条例》、《中华人民共和国文物保护法》。（2）适月标准：根据福建省文物局审批的、由三明市文物古建筑修缮工程处制订的《晋江市陈埭丁氏宗祠维修方案》。

3. 甲方驻工地代表：丁振沛。

4. 工地代表：徐明焰。

5. 甲方工作：

（1）施工所需水、电接入施工现场，施工用电为三相电源（15kW 左右），并保证施工期间的需要（水、电费由乙方负责）；

（2）帮助联系锯台（锯木头）作坊；

（3）应在开工前，办理施工所需各种证件、批件（证明乙方自身资质的证件除外）；

（4）协调处理好施工现场周围电线，并承担有关费用；

（5）开工前应将东西廊及后厅的展橱迁出施工场所；

（6）彻底处理好白蚂蚁虫害。

6. 乙方工作：

（1）2001 年 6 月前提交维修设计图纸及维修方案。

（2）已竣工程未交付甲方之前，乙方负责已完工程的保护工作，保护期间发生损坏，乙方自费予以修复。要求乙方采取特殊措施保护的相应经济支出，由甲方承担。甲方提前使用后发生损坏的修理费用，由甲方承担。

（3）做好施工现场公共设施及邻近建筑物的保护工作。

（4）负责施工场地整洁卫生，并且在施工完成后负责清洁。

（5）乙方必须按批准的进度组织施工，接受甲方代表进度的检查、监督。

（6）乙方未在协议约定的开工日期 5 天前提出延期开工要求，竣工日期不予顺延。甲方征得乙方同意以书面形式通知乙方后可推迟开工日期，相应顺延工期。

（7）甲方代表在确有必要时，可要求乙方暂停开工。停工责任在甲方，由甲方承担经济支出，相应顺延工期；停工责任在乙方，由乙方承担发生的费用。

（8）对以下造成竣工日期推迟的延误，经甲方确认，工期相应顺延。

A. 工程量变化和设计变更；

B. 一周内，非乙方原因停水、停电造成停工累计超过 8 个小时；

C. 不可抗拒的自然因素（①台风 10 级以上；②地震 5 级以上；③降雨量 100 毫米以上）；

D. 合同中约定或甲方同意顺延的其他情况。

非上述原因，工程不能按合同工期竣工，乙方承担违约责任。

（9）乙方应认真按设计要求施工，随时接受甲方的检查，承担由自身原因导致返工及修改的费用。因甲方不正确纠正或其他非乙方原因引起的经济支出，由甲方承担。

（10）在施工过程中，甲方如有变更设计或项目时，在不违反古建筑修缮原则的情况下，经双方认可，追加补充合同，按单项工程验收。

（11）质量应达到合格，因乙方原因达不到约定条件，由乙方承担返工费用；因甲方原因达不到约定的，由甲方承担返工的经济支出。

7. 合同价款的调整：合同价款经协议约定后，任何一方不得擅自改变，但发生以下情况之一可做调整。

（1）甲方确认的工程量增减；

（2）甲方确认的设计变更；

（3）工程造价管理部门公布的价格调整。

8. 工程预付款作为备料款，6月30日前支付金额为预算总额的30%，计人民币200000元整。

9. 根据工程的进度，工程款应在工程进行中逐月拨付，每次拨付金额为预算总额的15%，计人民币90000元整。拨付时间为每月的30日。最后一次工程款支付应在工程竣工验收后10天内，支付金额为工程尾款。

10. 工程款支付按协议约定日期以转账方式支付给乙方。

11. 甲方不按时付款，应承担违约责任，乙方可以停止施工，推迟竣工日期，甲方还应支付给乙方应付款的利息。

12. 工程施工所需建材由乙方按图纸要求自行采购供应，但要经甲方验收方能使用。

13. 乙方应于竣工后一星期内提供竣工图一式二套。

14. 乙方应于竣工后10天内提交结算报告（决算书），甲方收到后应在10天内及时向乙方支付工程款，如甲方违约应支付信贷利息，并负责工程保护费用。

15. 甲方不按合同约定履行自己的各项义务，支付款项及发生其他使合同无法履行的行为，应承担违约责任，包括支付因违约导致乙方增加的经济支出和从应支付工程款之日起计算的应支付款项的利息，相应顺延工期，并按总造价的3%支付违约金和赔偿因其违约给乙方造成的损失。乙方不能按期竣工，质量达不到设计要求，或发生其他使合同无法履行的行为，乙方应

按工程总造价的 3% 支付违约金，赔偿因其违约给甲方造成的损失。

16. 乙方应采取严格的安全护防措施，承担由自身安全措施不力造成事故的责任和因此发生的费用。非乙方责任造成的伤亡事故由责任方承担和因此发生的费用，如因屋面电线未及时处理而发生的人员伤亡事故，由甲方承担责任及支付有关费用。

17. 合同生效日期：2001 年 6 月 18 日。

18. 合同一式四份，甲、乙双方各执两份。工程验收决算后合同自行终止。

甲方：	乙方：
陈埭丁氏宗祠修建	三明文物古建筑修
委员会	缮工程队
（盖章）	（盖章）
法人代表：	法人代表：
丁显操（签名）	徐明焰（签名）

2001 年 6 月 18 日

福建省文物局关于陈埭丁氏宗祠维修方案的批复

闽文物字〔2001〕10 号

晋江市文体局：

你市晋文体〔2001〕20 号"关于申请审批陈埭丁氏宗祠维修方案的请示"悉，经研究，现批复如下：

一、同意报送的由三明市文物古建筑修缮处编制的"陈埭丁氏宗祠维修方案"，实施中应严格遵循"不改变文物原状"的原则，最大限度地利用原有构件；

二、不得对古建筑进行重新装饰或添加新装饰件；

三、为了确保工程质量和文物安全，维修工程应选择具有古建筑维修经验的施工队伍承担；

四、请你局加强维修工程的监督管理。竣工后，依法报我局组织验收。

此复。

福建省文物局
2001 年 6 月 19 日

抄送：泉州市文化局、文管办

晋江市文化体育局关于省级文物保护单位丁氏宗祠维修工程申请验收的报告

晋文体〔2002〕49号

省文物局：

省级文保单位晋江陈埭丁氏宗祠，因历久未修，柱檩蛀损，墙体开裂倾斜等现象严重，已危及文物安全。维修方案报经贵局批复同意（闽文物字〔2001〕10号），工程由三明市文物古建筑修缮工程处承担，维修时严格按照文物维修原则。现维修工程已竣工，请贵局组织专家对陈埭丁氏宗祠维修工程进行验收。

专此报告。

晋江市文化体育局
2002年9月16日

抄送：泉州市文物局、文管办，颜子鸿副市长

福建省文物局关于陈埭丁氏宗祠修缮工程竣工验收意见的函

闽文物字〔2002〕61号

晋江市文体局：

2002年9月17日，我局组织对省级文物保护单位陈埭丁氏宗祠修缮工程进行竣工验收，同意该工程通过竣工验收。现将《陈埭丁氏宗祠修缮工程竣工验收意见》印发给你们，请按验收组提出的要求抓紧补充完善工程技术档案。

专此函达。

福建省文物局
2002年10月29日

抄送：泉州市文物局、文管办

陈埭丁氏宗祠维修工程竣工验收会议纪要

晋文物 [2002] 50 号

2002年9月17日,省级文物保护单位——陈埭丁氏宗祠维修工程竣工验收会议在陈埭镇岸兜村丁氏宗祠举行。省文物局、福州古代建筑设计所、泉州文管办组成验收小组,市文体局、市博物馆、陈埭镇回族事务委员会、三明市古建队等单位派员出席验收会议。市博物馆馆长吴金鹏主持会议。

验收小组在听取业主单位、三明市古建队的施工情况介绍后,对实地进行勘查、检验、评估,一致认为宗祠维修工程能够严格按照省文物局批准的方案进行,严格遵循"修旧如旧"的原则进行,保留了原有风貌,同意通过验收。评估意见主要为:

1. 从方案报批到工程施工,能严格遵循文物维修原则,从屋面、雕塑到彩绘,都能修旧如旧,保留闽南风格。

2. 砖雕仅对表面风化的部分替换,木构架的替换也严格按照规范程序进行;铺地的砖、石都能予以保留;梁、柱、屋内顶油漆的色彩较谐调。

3. 祠堂修得很好,而且拆除影响景观的铁栅门、电线杆,新建围墙,美化了周边环境。

4. 通过发动群众捐资,维修工程得到群众的认可,提高了群众的文物保护意识。

验收小组一致认为丁氏宗祠的维修工程是极其成功的,是闽南宗祠建筑维修的一个典范,经验值得总结与推广。

同时建议:①新修的木作要注明维修时间;②要加强保护,注意防火;③文物维修的档案要保存。

参加会议人员:

省文物局:郑国珍副局长　何经平科长

福州古建设计所:黄泓所长

泉州文管办:出宝阳主任　姚洪峰工程师

市文体局:蔡温恩副局长

市博物馆:吴金鹏副馆长

陈埭镇回族事务委员会:丁显操　丁桐志　丁文鸽　丁德明　丁振派

三明市古建队：陈木霖工程师　徐明焰经理

记录：吴金鹏　丁德明

晋江市文物管理委员会办公室

2002 年 12 月 30 日

修建陈埭丁氏宗祠政府部门拨款、宗亲捐资名录

（2001—2002 年 12 月 15 日）

政府部门拨款

福建省文物局 50000 元　　晋江市人民政府 50000 元

陈埭镇人民政府 50000 元　　晋江市博物馆 20000 元

菲律宾

丁木德 300000 元	丁晋朝 20000 元	丁长琉 20000 元	丁文谋 20000 元
丁玉郎 10000 元	丁明地 10000 元	丁子良 10000 元	丁中兴 10000 元
丁炳煌 10000 元	丁德仁 10000 元	丁妈坤 10000 元	丁文表 10000 元
丁加进 10000 元	丁明冻 10000 元	丁友情 10000 元	丁健泰 10000 元
丁一森 10000 元	丁金鹏 10000 元	丁文开 10000 元	丁建国 10000 元
丁建园 10000 元	丁魁梧夫人 10000 元	丁谨信、陈秀治夫妇基金会 5000 元	
丁文泉 1500 元	丁瑞煌 1500 元	丁谨瑜 1500 元	丁鸿奎 1000 元
丁传来 1000 元	丁以德 1000 元		

美国

丁西平 USD300 元

香港

丁良辉 50000 元	丁深苏 HKD10000 元	丁钟渠 10000 元

江头（300000 元）

村委会 42000 元	丁辉煌 30000 元	丁国需 25000 元	丁文标 20000 元
丁坤煌 15000 元	丁玉抗 10000 元	丁火表 10000 元	丁金泽 10000 元
陈乌看 10000 元	丁荣埕 10000 元	谢乌齐 10000 元	丁子岁 10000 元

丁松龄 10000 元	丁以土 10000 元	丁金练 10000 元	丁火满 5000 元
丁建明 5000 元	丁文镇 5000 元	丁后房 5000 元	丁文娇 5000 元
丁三种 5000 元	丁荣源 5000 元	丁文明 5000 元	丁振杰 5000 元
丁碧源 5000 元	丁古山 5000 元	丁水圳 5000 元	丁红通 5000 元
丁玉为 2000 元	丁庆祝 1000 元		

溪边（250000 元）

丁金朝 100000 元	丁老岁 20000 元	丁火把 20000 元	丁建筑 10000 元
丁显操 10000 元	丁扁面 10000 元	丁明辉 10000 元	丁永廉 10000 元
丁良坤 10000 元	丁良辉 10000 元	丁明郎 10000 元	丁明芽 10000 元
丁金针 10000 元	丁明永 5000 元	丁庆平 5000 元	

岸兜（345000 元）

丁和木 110000 元	丁金清 20000 元	丁乙民 15000 元	洪阿虽 10000 元
丁玉足 10000 元	丁臭某 10000 元	丁荣硕 10000 元	丁惠情 10000 元
丁丽绵 10000 元	丁友堆 10000 元	丁友突 10000 元	丁金城 10000 元
丁友硕 10000 元	丁振沛 10000 元	丁友通 10000 元	丁振军 10000 元
丁诗德 10000 元	丁建树 5000 元	丁良霖 5000 元	杨雪英 5000 元
丁清晓 5000 元	丁友剧 5000 元	丁妈灿 5000 元	丁妈廷 5000 元
丁荣彬 5000 元	丁汉民 5000 元	丁妈坑 5000 元	丁大车 5000 元
丁山水 5000 元			

鹏头（140000 元）

协志公司 30000 元	丁滨海 30000 元	丁明哲 20000 元	丁妈悦 20000 元
丁文默 10000 元	越峰公司 20000 元	丁文通 5000 元	丁文猛 5000 元

西坂（100000 元）

村委会 25000 元	丁碧泉 10000 元	丁也脚 10000 元	丁火焕 10000 元
丁良彩 10000 元	丁德明 10000 元	丁水影 10000 元	丁荣华 10000 元
林悦娘 5000 元			

四境（307200 元）

丁宗权 30000 元	丁玉灿 20000 元	丁进埕 20000 元	丁金灿 15000 元

丁爱治 15000 元	丁碧元 10000 元	丁满土 10000 元	丁春满 10000 元
丁加乐 10000 元	丁加力 10000 元	丁瑞庭 10000 元	丁爱民 10000 元
丁星河 10000 元	丁通贵 10000 元	丁炳然 10000 元	丁宝罗 10000 元
丁桂美 10000 元	丁露生 10000 元	丁荣山 10000 元	丁通权 10000 元
丁恩灵 5000 元	丁剑伟 5000 元	丁进通 5000 元	丁满裕 5000 元
丁满金 5000 元	丁满仪 5000 元	丁荣芳 5000 元	丁双志 5000 元
张秀霞 5000 元	丁伟民 5000 元	丁文艺 2000 元	丁义为 2000 元
丁火艳 2000 元	丁妈荷 1000 元	丁文笼 200 元	

花厅口（265000 元）

柯秀勉 40000 元	丁钦育 35000 元	丁秀培 25000 元	丁好求 20000 元
丁庆民 20000 元	丁钦坚 20000 元	丁庆祝 15000 元	丁文鸽 10000 元
丁桐志 10000 元	丁清河 10000 元	丁清轮 10000 元	丁清权 10000 元
丁丰富 10000 元	丁国富 10000 元	丁良根 5000 元	丁雄伟 5000 元
丁栽培 5000 元	丁建省 5000 元		

泉州市

旅泉丁姓促进会 12000 元　　丁纯纯 1000 元　　河市后土楼丁氏宗亲 900 元

惠安县崇武

丁建明 9988 元	丁世昌 2000 元	丁振安 2000 元	丁清河 2000 元
丁清国 1000 元	丁振顺 1000 元	丁伙成 1000 元	丁国辉 1000 元
丁秋明 1000 元	丁东明 1000 元	丁振华 1000 元	丁琼辉 1000 元
丁国兴 300 元	丁细鸿 300 元	丁火辉 300 元	丁小辉 300 元

晋江市东石

丁世牛 1000 元	丁文泽 1000 元	丁清泉 1000 元	丁承实 1000 元
丁金练 1000 元	丁其良 1000 元	丁永廉 1000 元	丁双飞 1000 元
丁天恩 1000 元	丁其仁 1000 元	东石回族 800 元	

晋江市安海

丁金生 5000 元　　　　　回族联谊会 800 元　　　泽沟丁氏宗亲 1000 元

双沟宗亲村委会 500 元　　下岑丁氏宗亲 500 元　　磁灶小桥丁氏宗亲 500 元

石狮市

蚶江丁氏宗亲 1000 元　　　前坑回族村 500 元　　　石湖郭文化 500 元

南安县

官桥回族联谊会 1500 元　　宫桥老人会 1200 元

大田县

前坪乡山川回民小组 12000 元　　　　均溪乡华坑村回民小组 1000 元

福安县穆云乡黄如村 10000 元　　　　平潭县回民联谊会 10000 元

莆田市黄石丁氏宗亲 4000 元　　　　　福鼎县秦屿回民联谊会 3000 元

霞浦县蓝回乡高店回民村 2000 元　　　同安县陈塘回民村 1200 元

永安县西洋镇西洋村丁氏联谊会 1000 元　福清县宏路大浦村 1000 元

浙江省

苍南桥墩后隆丁氏宗亲 2800 元　　　　温州仙岩镇稳丰丁氏回族 1000 元

温州丽岱镇岱村丁氏回族 1000 元　　　瑞安莘睦镇下村丁氏回族 1000 元

陈埭镇回族事务委员会关于丁氏祠堂春冬祀祖活动的会议纪要

11月6日下午，回族事务委员会在本会会议室举行全体会议。会议由丁显操主任主持。会议主题：讨论并决定丁氏祠堂春、冬祀祖活动的有关事宜，纪要如下：

一、会议经认真讨论，与会同志一致认为重修后的丁氏祠堂已恢复原设在中堂的列祖木主牌位，并在落成庆典之日正式安主就位，今后每年举行春、冬祀祖活动是必要的。

二、祀祖日：春祀为每年元宵节（即农历正月十五日），冬祀为每年冬至（即公历12月22日）。

三、轮值办法：一度一村，上承下接，七个回族村，即从江头、溪边、岸兜、西坂、鹏头、四境、花厅口依序轮值承办。由陈埭片老年人总会牵头组织，各村分会承办。

四、参加祀祖对象，当任回委会成员、各行政村两委会成员、陈埭老年人总会、各村分会全体理事、陈埭民族南音研究社、陈埭民族诗词研究社、陈埭回族残联会负责人、70岁以上（含70岁）丁氏男性族人，必要时可邀请有关人士参加。

五、祀祖仪式：承照先祖传统仪式进行，主礼人由承办村分会会长担任，各村分会长作陪礼人。由回委会主任向主礼人披红，由副主任向陪礼人挂红花。参加祀祖丁氏族人全部参加祀

祖仪式。祀祖职员由回委会安排。

六、祀祖经费：每次祀祖由回委会从祠堂基金中拨出5000元，补贴承办单位。各村70岁以上人员每人按30元计算，由各分会统一交承办单位作为赞助金，不敷部分由承办单位负担。

七、祀祖日如旅外宗亲来参加者，其奉献礼金归祠堂基金会收入，由祠堂基金会每人按30元标准计算付给承办单位。

出席：丁显操　丁玉抗　丁振沛　丁荣业　丁桐志　丁东树　丁金针　丁长富　丁火艳
　　　丁火满　丁文猛　丁德明
记录：丁德明
发送：回委会成员、各村两委会、陈埭片老年人总会、各村分会、南音社、诗词社、残联会
抄报：镇陈维熊副书记　黄华东　丁清松

陈埭镇回族事务委员会
2002年11月10日

陈埭丁氏祠堂暨陈埭回族史馆重修落成贺词贺信

陈埭回族事务委员会：

欣悉丁氏祠堂暨陈埭回族史馆重修工程业已落成，在此谨表示热烈的祝贺！

泉州是我国"海上丝绸之路"的起始地。泉州回族在发展的过程中吸收了当地其他民族的优秀文化和传统，形成了自己独特、灿烂的民族文化。省政府已将陈埭丁氏祠堂列为第三批省级文物保护单位。丁氏祠堂暨陈埭回族史馆的重修落成，就是对陈埭回族历史文化和珍贵文物的最好保护和弘扬。

预祝丁氏祠堂暨陈埭回族史馆重修工程落成典礼圆满成功！

福建省民族与宗教事务厅
2002年9月17日

巍峨壮观，金碧辉煌

——菲律宾晋江同乡总会

福泽传万世，香烟绕千秋

——菲律宾各宗亲联合会

瑞霭华堂

——菲律宾岱峰同乡会

喜复兴万裔同心重修宗祠襄盛举
迎新纪千年宏愿发展经济共腾飞

——厦门丁氏回族经济促进会

回族之光

——福州代表团、福州回族联谊会

在丁氏祠堂暨回族史馆重修落成庆典大会上的讲话

各位领导、海内外宗亲、邻里乡亲们：

正当举国上下迎接"十六大"、泉州申报"海上丝绸之路"世界文化遗产，值此充满希望的金秋时节，陈埭海内外六万多回民迎来了丁氏宗祠、回族史馆重修落成庆典的大喜日子。我谨代表陈埭回族事务委员会和全体丁氏回民，向今天亲临丁氏祠堂参加庆典的领导、来宾、乡亲表示热烈的欢迎和诚挚的感谢！同时借此机会向历来关心、支持民族工作的各级党委、政府，各界贤达人士致以崇高的敬意！

丁氏宗祠于明永乐年间由四世祖仁庵公遵父命拓基肇建，明嘉靖四十年毁于兵乱，四十五年由时任梧州知府的九世祖自申公承父志，捐金重建。明万历二十八年，十世祖日近公遵父命俸金扩建。清代又经五次维修扩建，形成今日丁氏宗祠之宏规，其宽21米、长42米，建筑面积882平方米，是一座三进深、两廊环抱，造型独特的"回"字形建筑。内有多处阿拉伯文字及图案浮雕纹饰，体现了中阿文化、回汉民族文化融合的闽南建筑特色，是福建省历史最长、规模最大、保存最完整的回族祠堂。它不仅是丁氏回民祭祀祖先之所在，也是研究泉州海外交通史的重要实物依据，1991年经福建省人民政府批准，列为第三批省级文物保护单位。联合

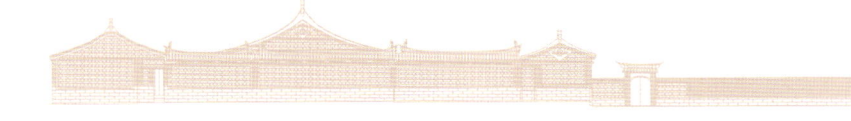

国教科文组织的海上丝绸之路考察团分别于1991年、1994年到丁氏祠堂考察,并被市政府定为对外开放的旅游景点。

丁氏宗祠历经近六百年的沧桑,虽经多次重修,但是椽、桷、柱等木质构件已经被白蚁蛀空,前年省文管部门组织实地检测,属危房,如不及时翻修,终有倒塌之危,则有负先祖昔日之劳心,而失后裔应尽之职责。为此,回委会举议,族人共襄,成立修建委员会,海内外齐发动,筹集资金,制订重修设计方案,报经省文物局批准,于去年8月动工翻建。海内外族人积极奉献,旅菲聚书丁氏宗亲会理事长丁木德宗长独捐30万元(人民币)、岸兜安踏鞋业有限公司董事长丁和木、溪边三兴鞋业有限公司董事长丁金朝各捐10万元,捐资者达212人,共计人民币255万元。在重修过程中,省、市文管部门多次到现场关心、指导,木德宗长三临现场,提出许多宝贵意见,工程进展顺利,于今年元旦竣工。经9月17日省、市三级文管部门组织专家等10人进行验收,一致认为重建后的丁氏宗祠既保持先祖的建筑原貌,又焕然一新,被评定为"闽南宗祠建筑维修的典范"。总之,得到了专家们的充分肯定和高度评价。

陈埭回族史馆创建于1985年,几年来做过两次调整、充实,成为福建省少数民族第一史馆。去年随着宗祠的重修,史馆全部拆除,宗祠重修竣工后,立即进行复建,调整版面、充实内容、提高制作水平,于9月1日全面完成复建工作。史馆分为五个部分、两个专题,陈列照片224幅,著作、文稿、族谱等图书资料121册,以及珍贵实物74件,展示陈埭丁氏回族形成、发展的历史进程和风貌。追溯陈埭回族历史渊源,为研究和发展与阿拉伯国家的友好关系提供了宝贵资料。缅怀历史,启迪后人,回族史馆被晋江市委定为晋江市爱国主义教育基地。我们相信,陈埭丁氏宗祠在新的历史时期将发挥其应有的积极作用!

同志们,我们应在各级党和政府的领导、关心、支持下,认真贯彻落实党的民族政策,增强民族团结,邻里和睦相处,与时俱进,共同为陈埭镇的社会稳定、经济发展,为民族团结进步事业,共同努力奋斗!

丁显操

2002年9月20日

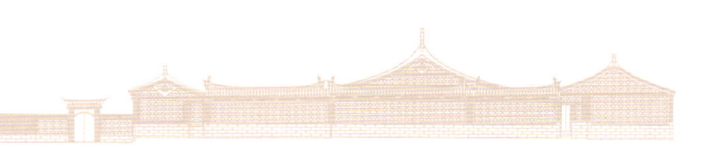

文物事迹

丁氏宗祠匾额

丁氏宗祠

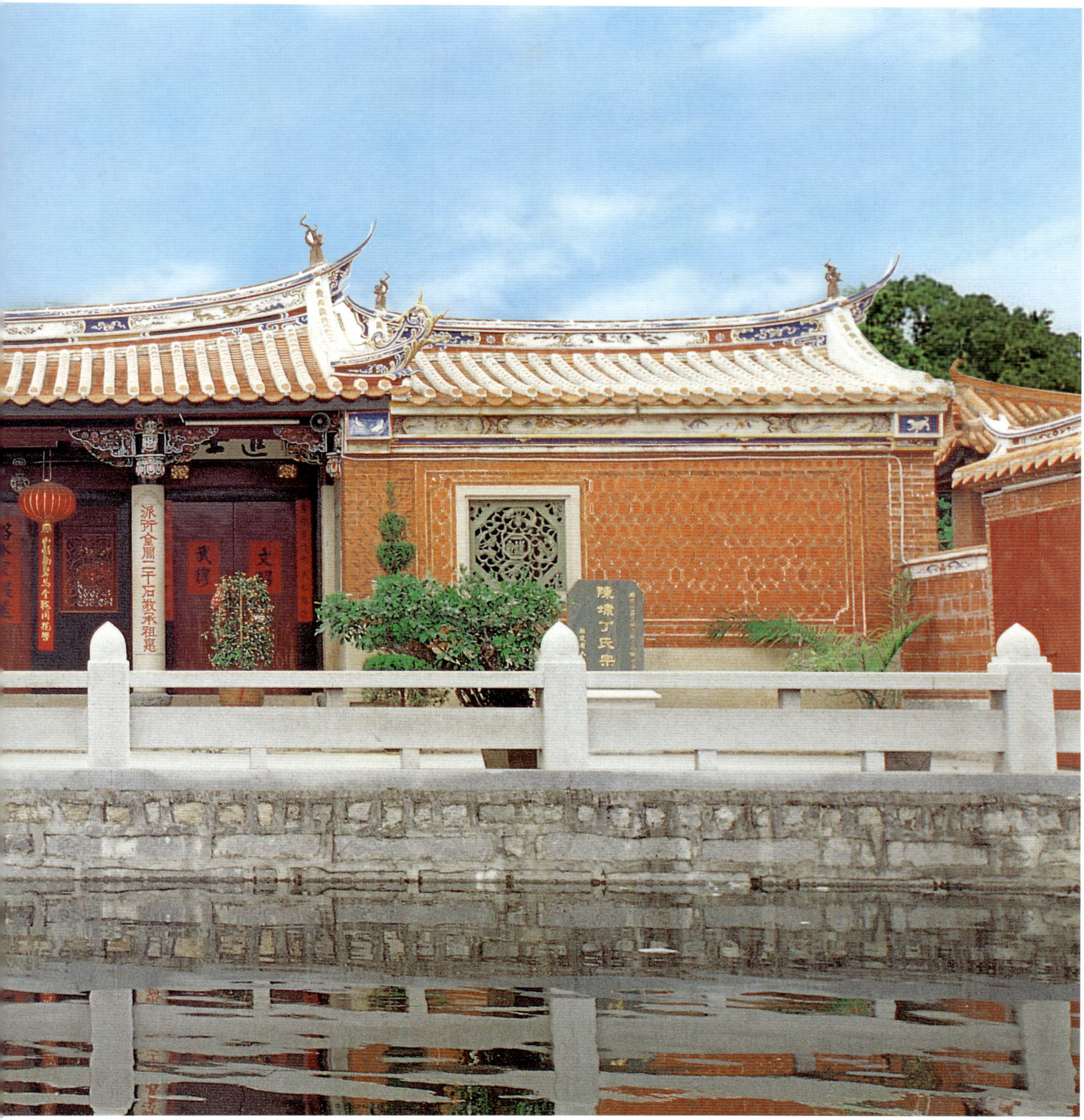
派衍金闕二千石敬承祖惠
武
文
陳埭丁氏宗

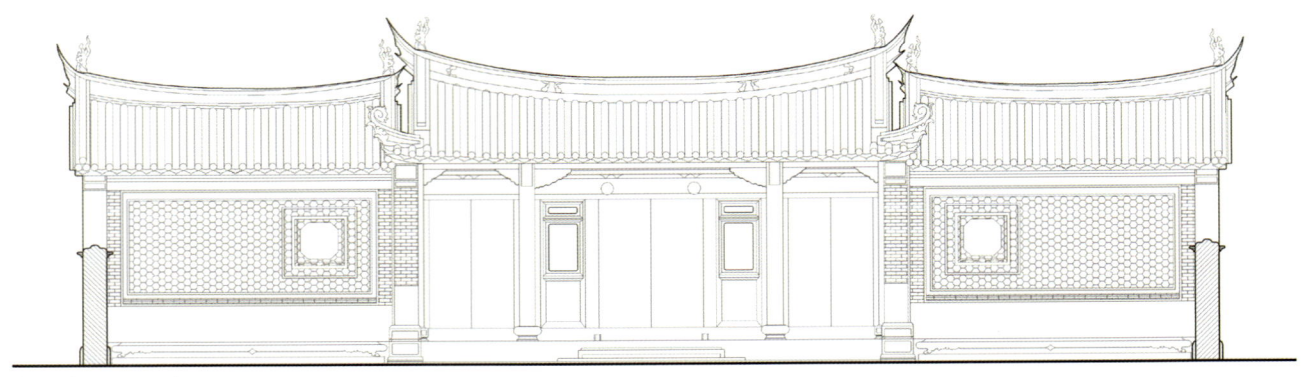

宗祠前厅立面图

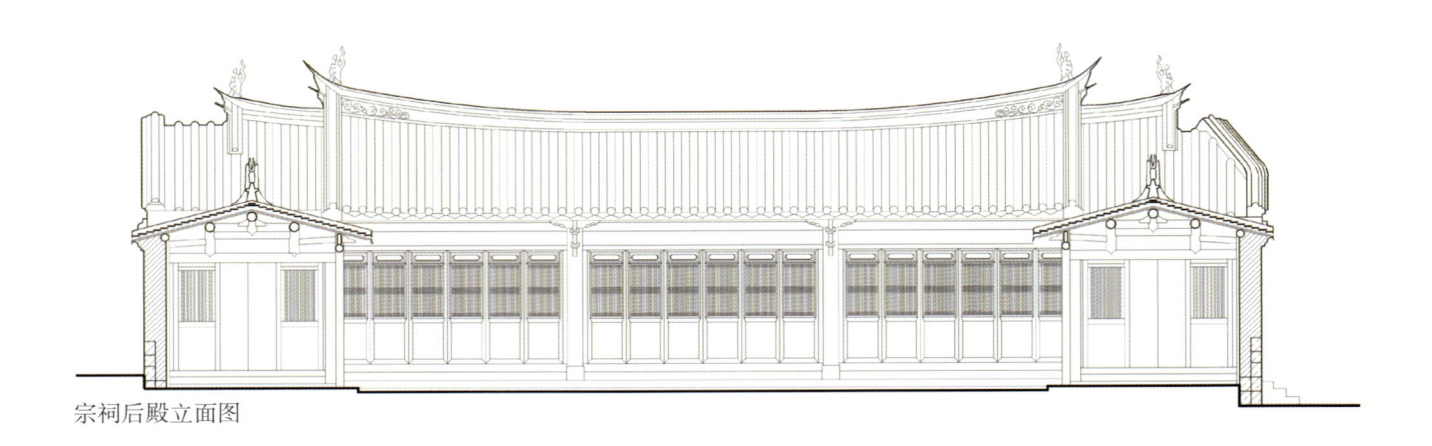

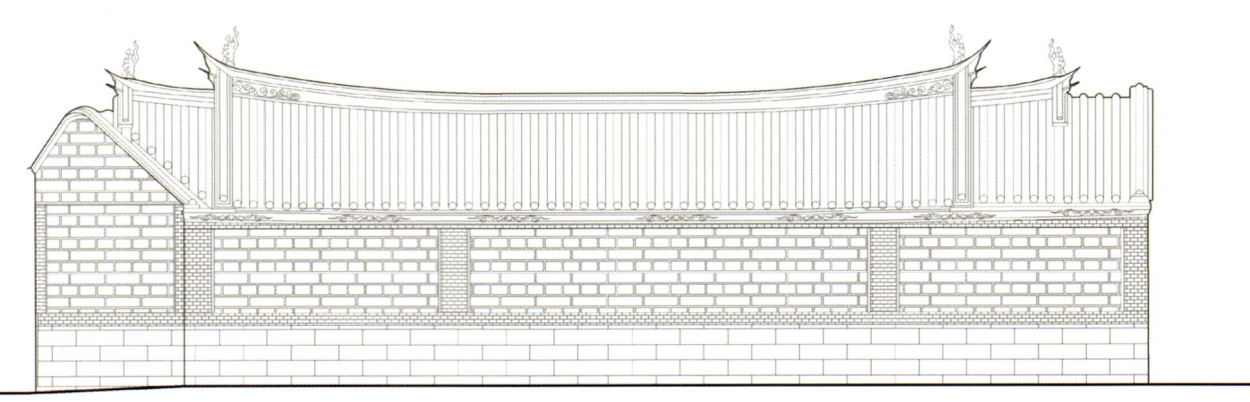

宗祠后殿立面图

宗祠后殿背立面图

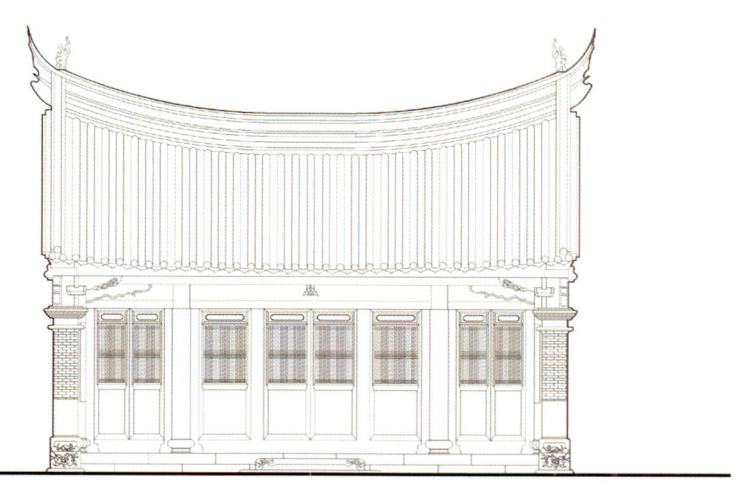

宗祠中堂立面图

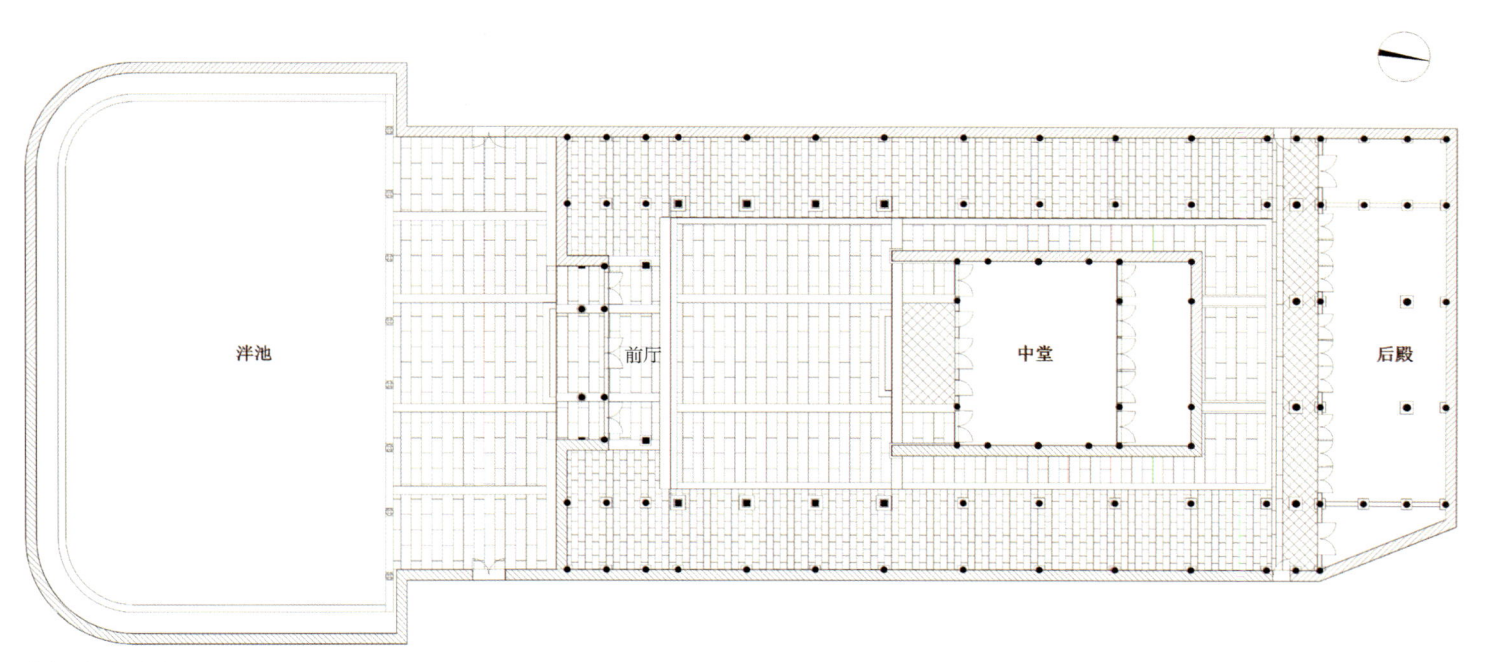

宗祠总平面图

窗棂石雕

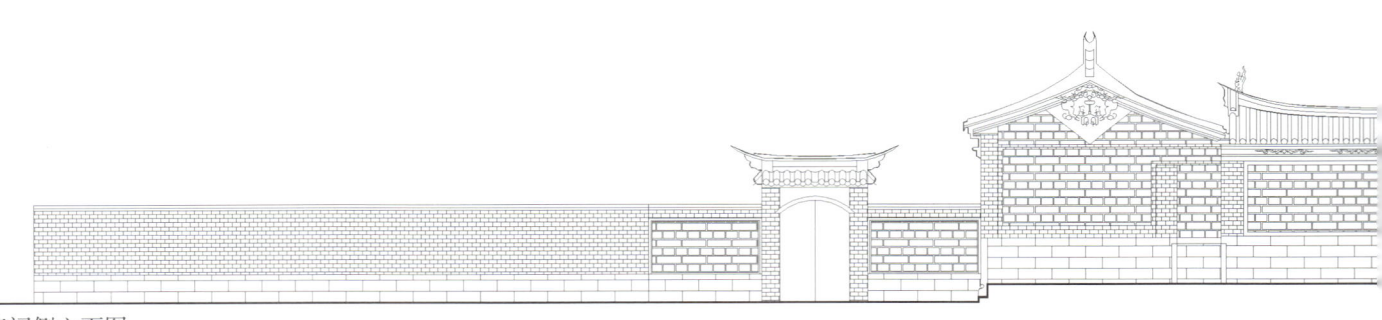

宗祠侧立面图

窗棂石雕

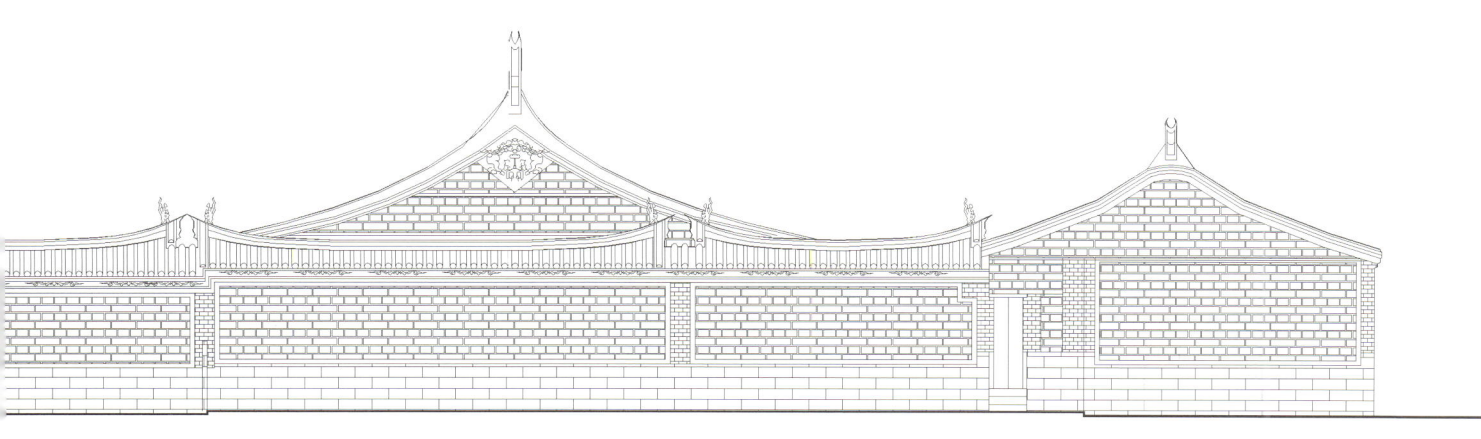

垂筒雕饰

木雕装饰

墙裙基石雕饰

前厅脊卷草彩绘

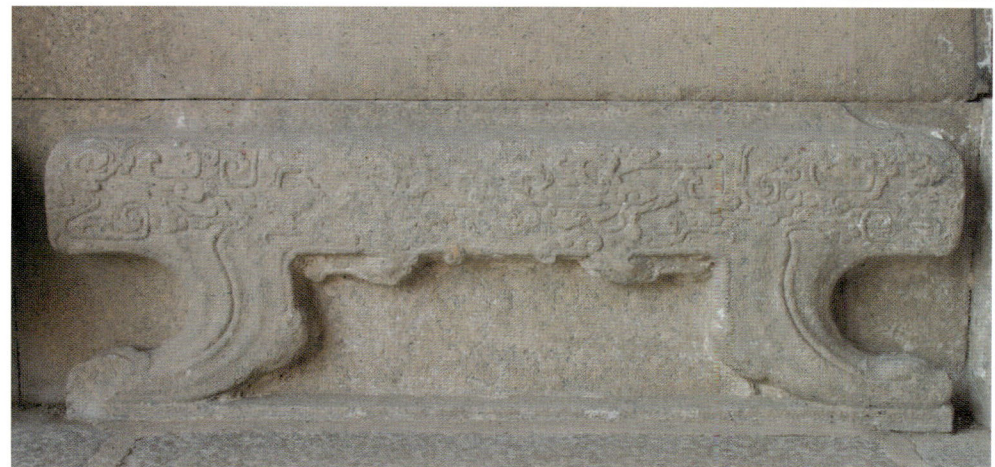

墙裙基石雕饰

吉祥鸟

木雕装饰

阿拉伯文石雕饰

墙堵雕饰

112

阿拉伯文木雕饰

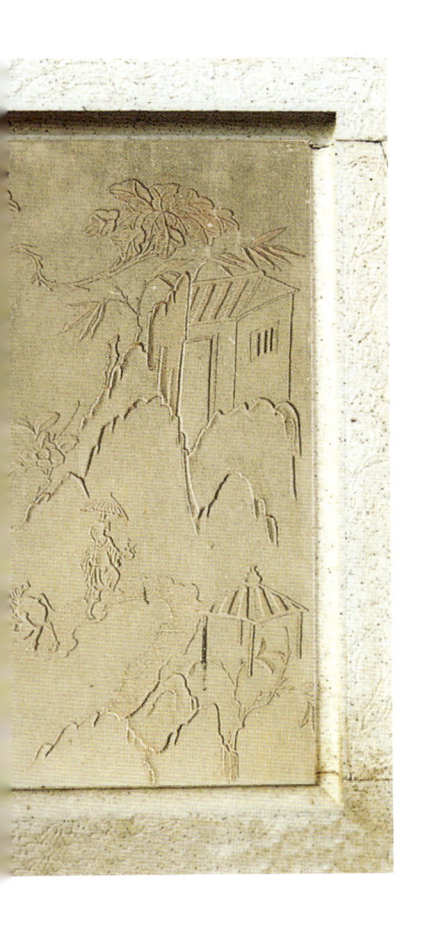

墙堵雕饰

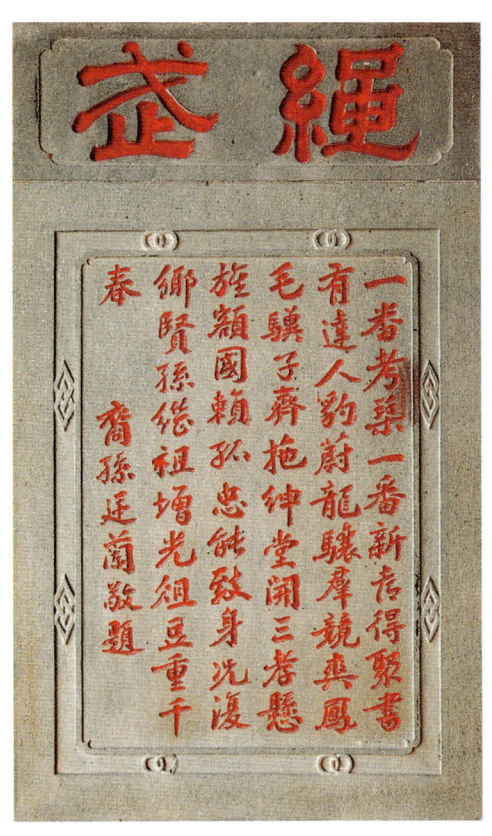

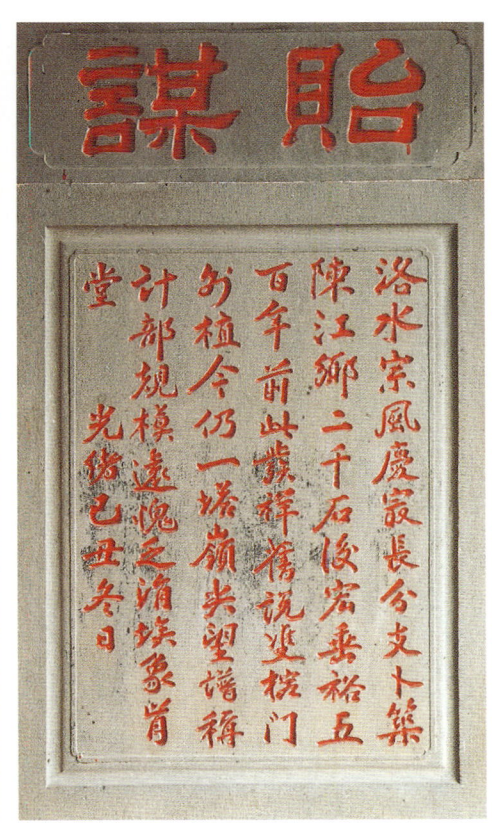

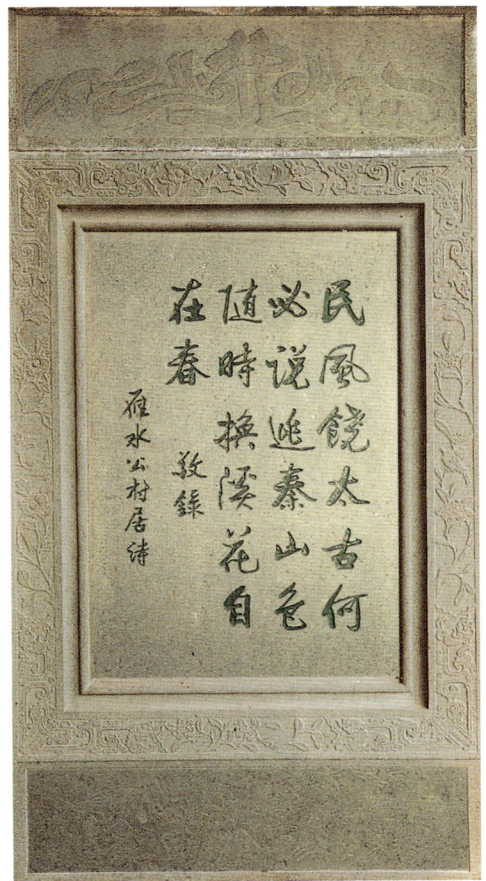

貽謀

洛水宗風慶寢長分支卜築
陳江鄉二千石俊宏垂裕五
百年前此嶽祥舊說選楗門
分植今仍一塔嶺尖望譜稱
計部規模遠魄之逌填象肖
堂
　光緒己丑冬日

繩武

一番考業一番新吾得聚書
有達人豹尉龍驤犀競典鳳
毛驥子奔拖紳堂開三耆懸
旋嶺國賴孤忠能致身汍浚
鄉賢孫繼祖壇光俎豆重千
春　裔孫延蘭敬題

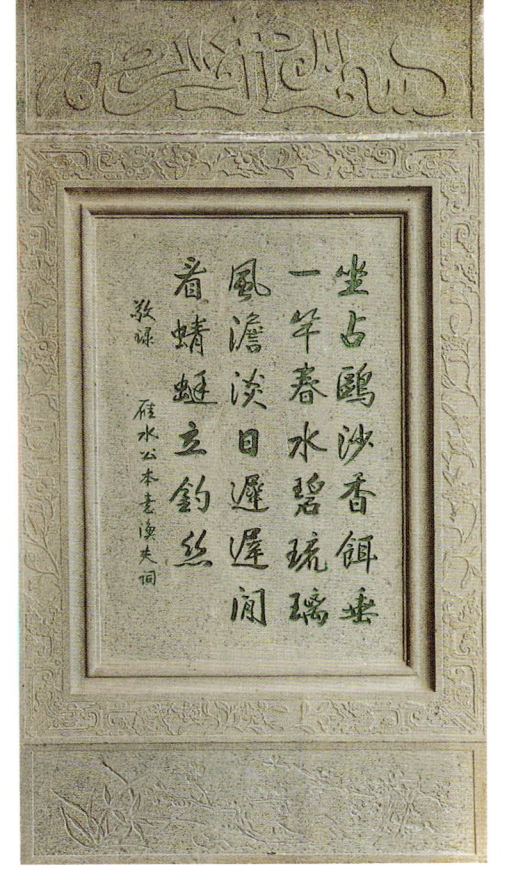

坐占鷗沙香餌垂
一竿春水碧琉璃
風簷淡日遲遲閒
看蜻蜓立釣絲
敬錄　雁水公本壹漁夫詞

民風饒太古何
必說逃秦山色
隨時換溪花自
在春
敬錄　雁水公村居詩

墙堵雕饰

中堂燕尾脊雕饰

屋脊彩绘

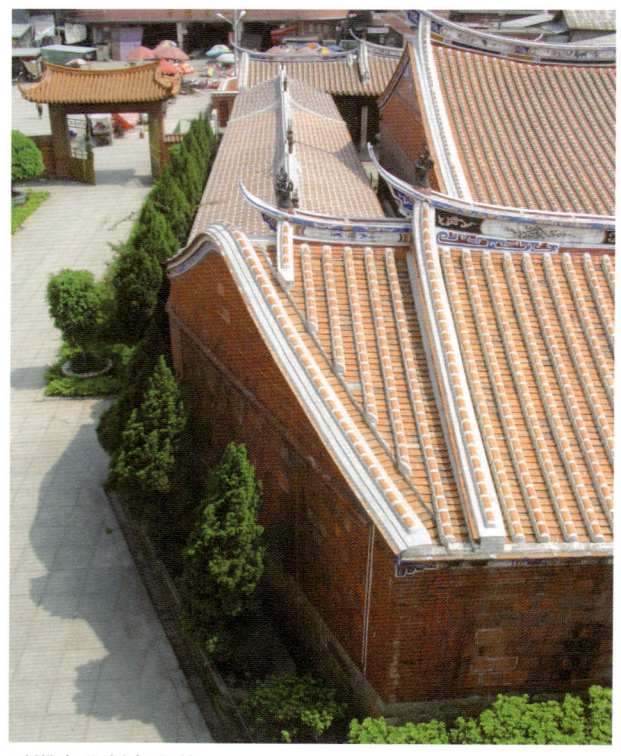

后殿东北削角砌筑

屋脊彩绘

墙堵雕饰（浮雕）

中堂台阶雕饰

117

柱础雕饰

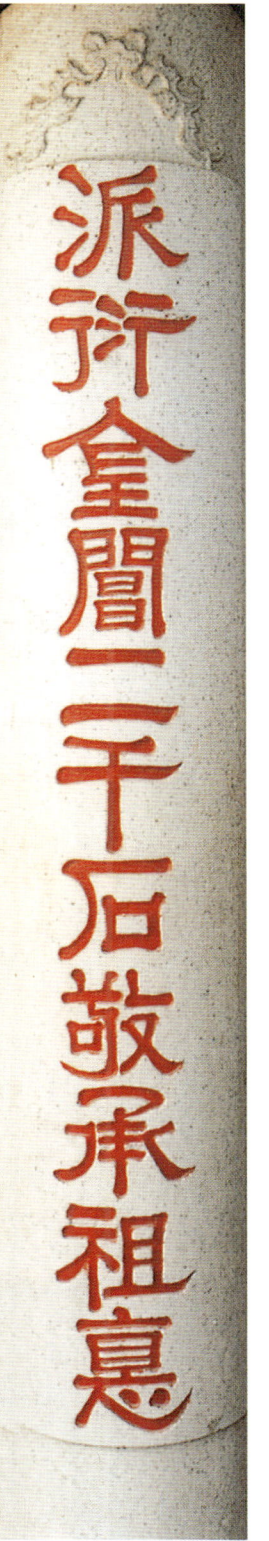

派衍金閶二千石敬承祖意
門迎寶蓋廿七都宏啟人文
帝賚恩言不愧聚書之裏
德動天鑒果然循理者昌

石柱楹聯

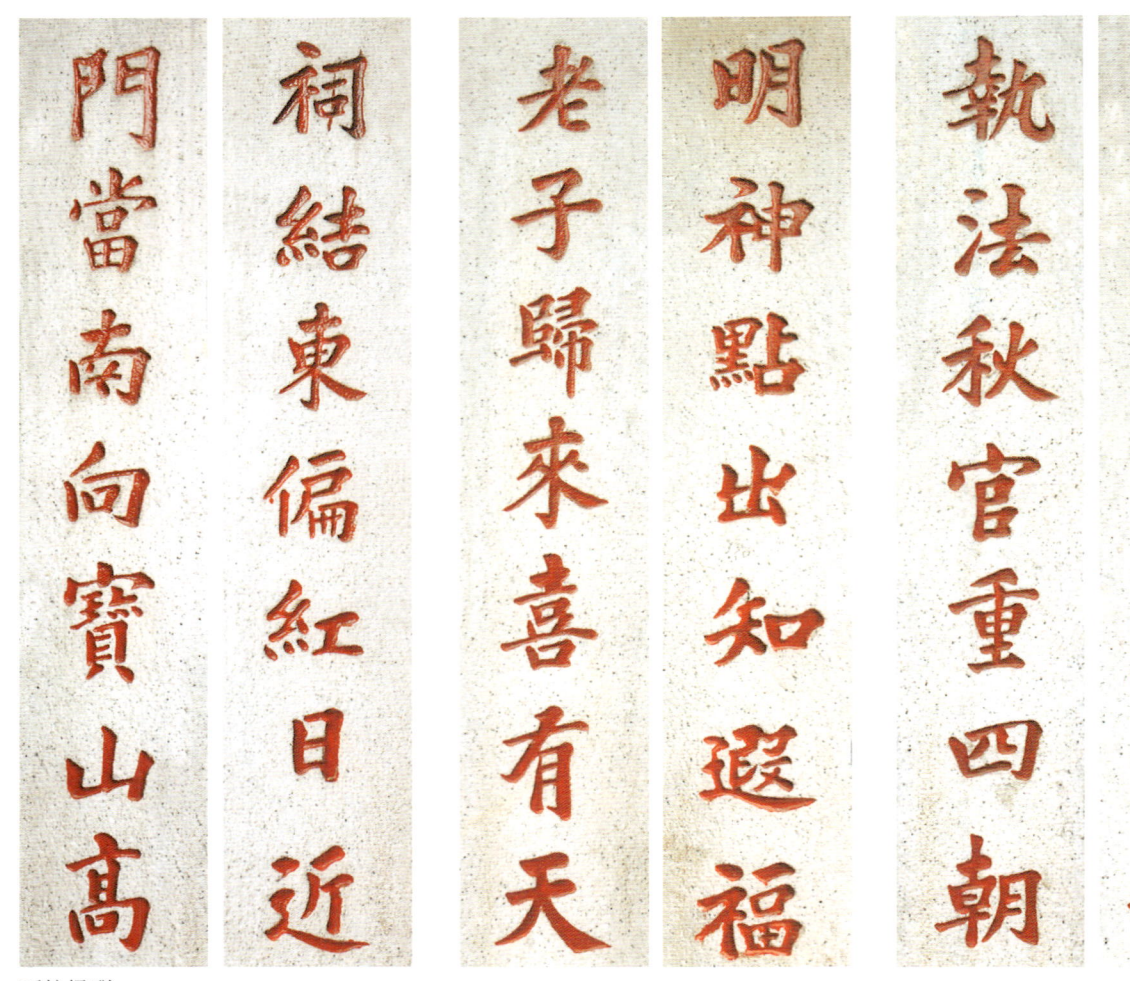

题名春榜联三世
执法秋官重四朝

明神点出知避福
老子归来喜有天

祠结东偏红日近
门当南向宝山高

石柱楹联

博风带彩绘

漢廷經義冠諸儒

海內詩名齊十子

執爨詔貂珥聯亦爭龍胜

壯猷平寶烏殊謀詔貂韜

宗功推計部拓宇而今裕後昆

世紀卜陳江營祠自昔仍初地

中堂大厅

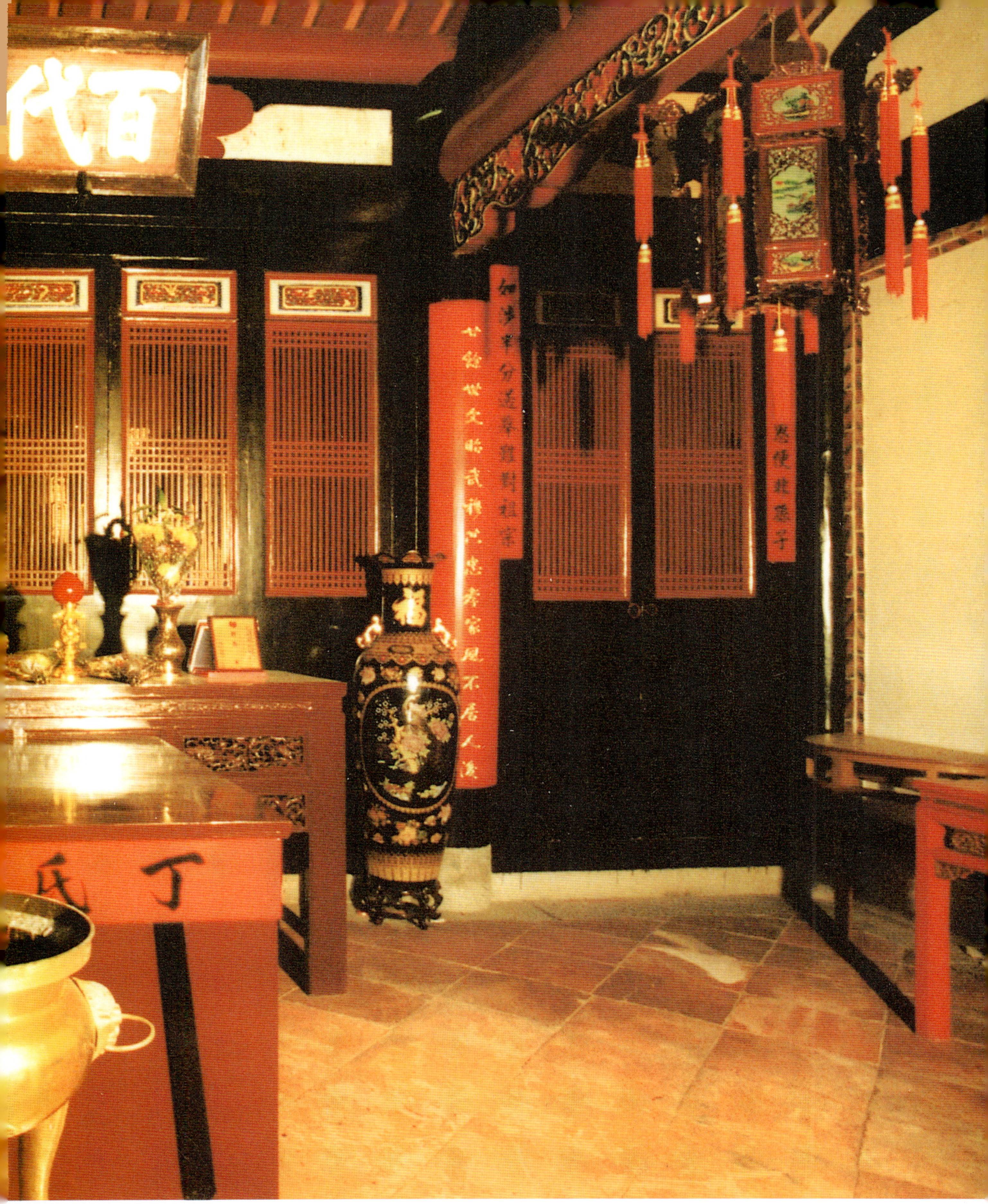

丁氏

陳堯萬人丁 楊靜仁

匾額

進士
明宏治乙丑科中式進士
特授奉議大夫四川按察司僉文立丁德立

兄弟科第

三世進士

宮保尚書

刑部左侍郎致仕南京刑部加封太子少保丁啟濬立

贈光祿寺卿丁懋遜立

六子簪纓

奉直大夫工部虞衡司員外郎長子懋　敬授承德郎都察院照磨次子懸　三子樞

散授翰林院廣東惠州推官四子樵　誥贈朝議大夫兵部武選司郎中五子梲　敕授文林郎興化府儒學教授六子㮗

父子進士

崇禎庚辰中式第十六名會奎殿試三甲十三名歷任汀章總長父丁天禧立

康熙癸未喜秋連捷進士子丁逵立

125

文魁

兵部侍郎都察院右都御史巡撫福建等處地方提督軍務 鍾音 為

萬壽特開乾隆庚寅科鄉 易經中

式第七十八名舉人 丁湘江 立

時清翰苑

進士

大總裁戶部尚書兼軍機大臣 景廉 頭品頂帶工部尚書兼都統 翁同龢 吏部左侍郎 潘祖蔭 祝蔭 兵部左侍郎 許庚身 副

光緒歲在庚辰科殿試第三甲第四十八名欽點即用知縣臣分廣東 丁書果 立

名達九重

賜進士出身提秉閩中臬 宋人祖 士孝 翼自珍 為

欽放甲子年九月重陽 丁拱辰 立

蔚為人瑞

鄉賢名宜

恩綸世錫

輸財衛國

明永乐敕谕碑

晋主牌位

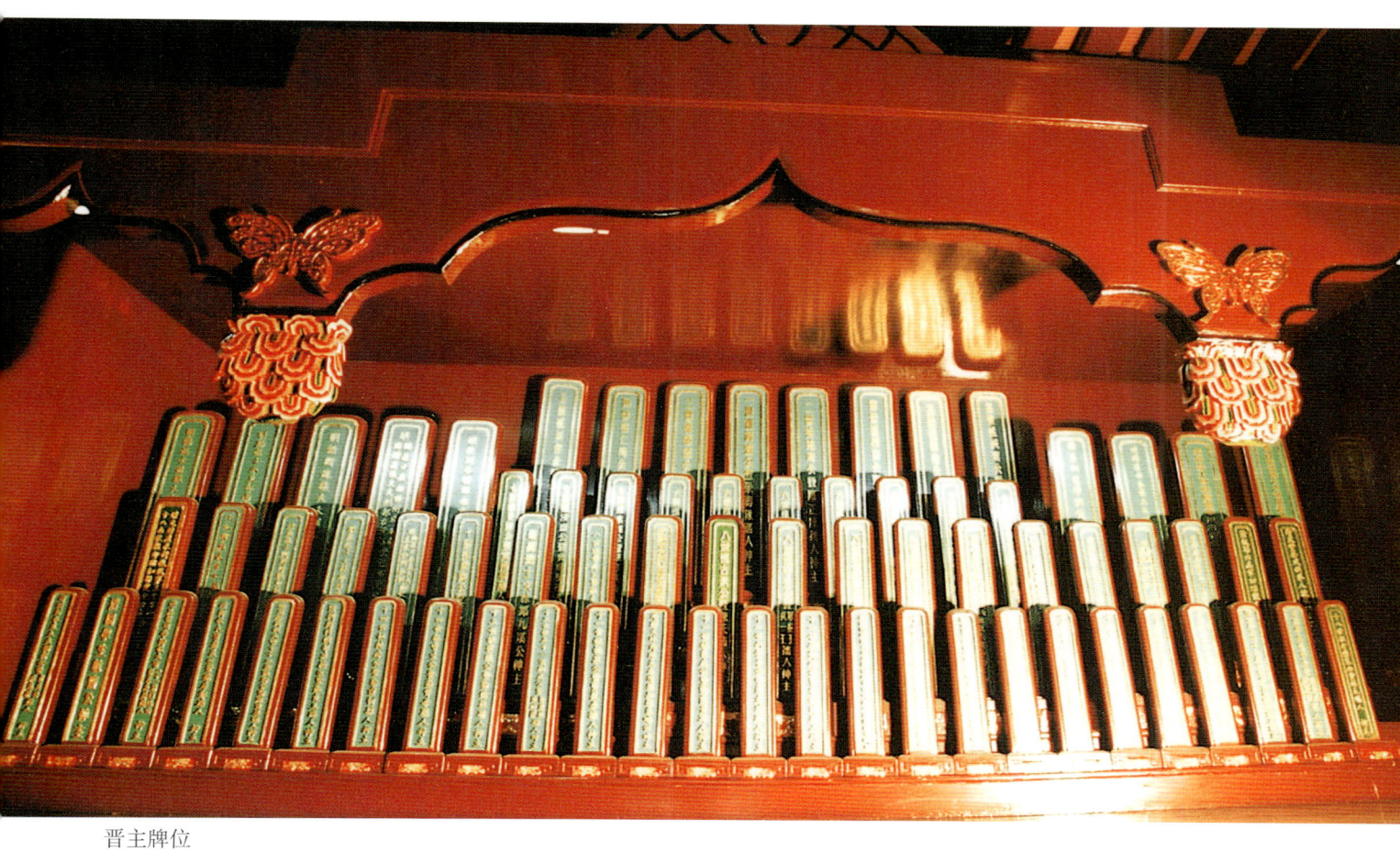

哲初公神主

一世祖丁节斋

四世祖丁仁庵

八世祖丁仪

十一世祖丁启濬

十三世祖丁炜

十八世祖丁拱辰

宗祠旧貌

中堂（旧貌）

《重建陈江丁氏宗祠碑记》

重修丁氏祠堂碑記

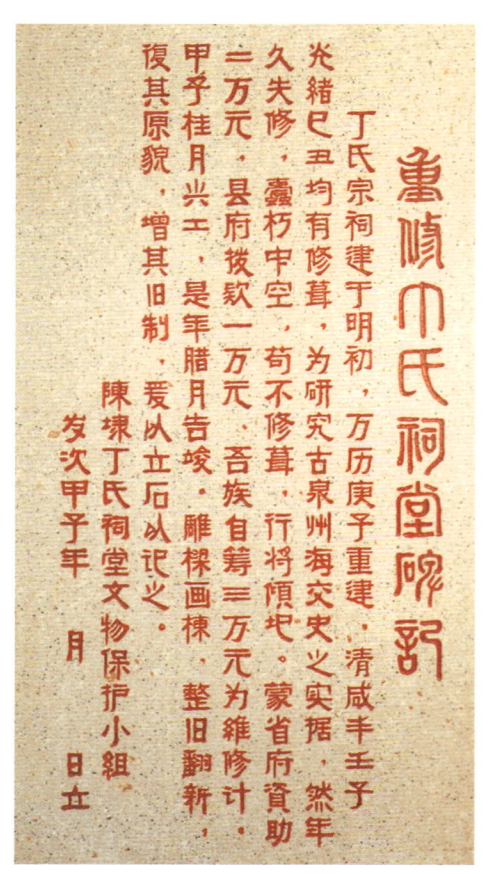

丁氏宗祠建于明初，万历庚子重建，清咸丰壬子、光绪巳丑均有修葺，为研究古泉州海交史之实据，然年久失修，蠹朽中空，苟不修葺，行将倾圮。蒙省府资助二万元，县府拨款一万元，吾族自筹三万元为维修计，甲子桂月兴工，是年腊月告竣，雕梁画栋，整旧翻新，复其原貌，增其旧制，爰以立石以记之。

陈埭丁氏祠堂文物保护小组
公元次甲子年　月　日立

《重建陈江丁氏宗祠碑记》　　　　　县级文物保护单位丁氏祠堂碑　　　　庆典大会踩街游行

1985年3月1日"陈埭丁氏祠堂重修落成暨陈埭回族史馆建馆典礼"

庆典场景

福建省民委顾问陆维特、晋江县委书记齐世和为陈埭丁氏回族史馆揭幕

齐世和书记在庆典大会上讲话

陆维特顾问为庆典大会题词

135

国家文物局文物处处长黄景略做宗祠维修和建馆考察

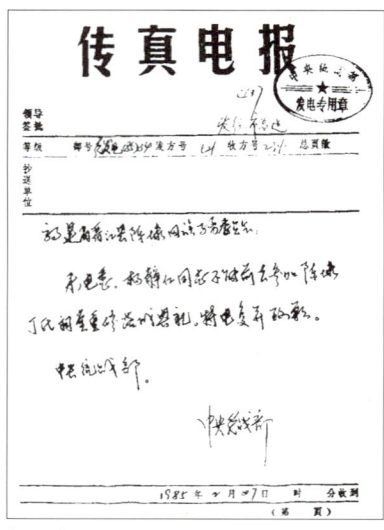

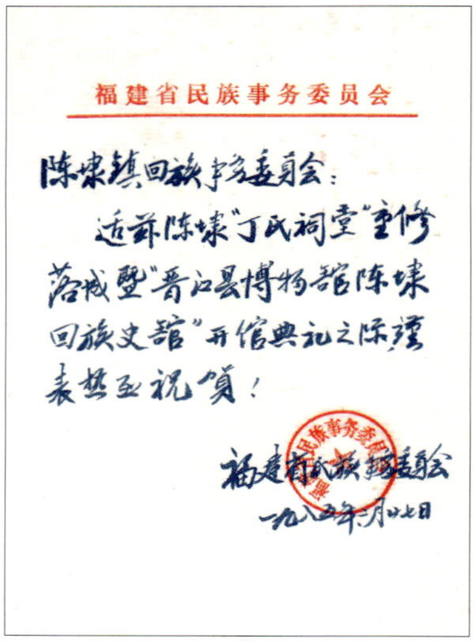

贺电贺词

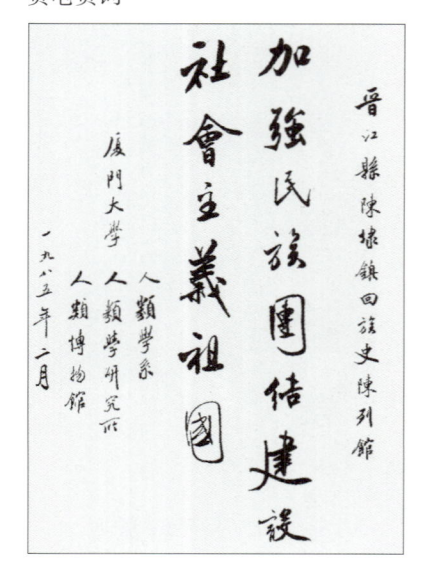

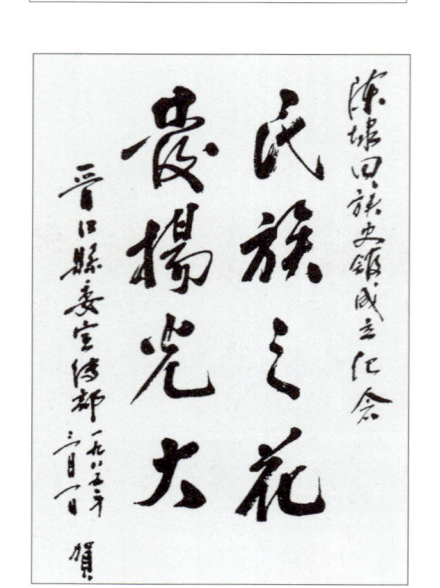

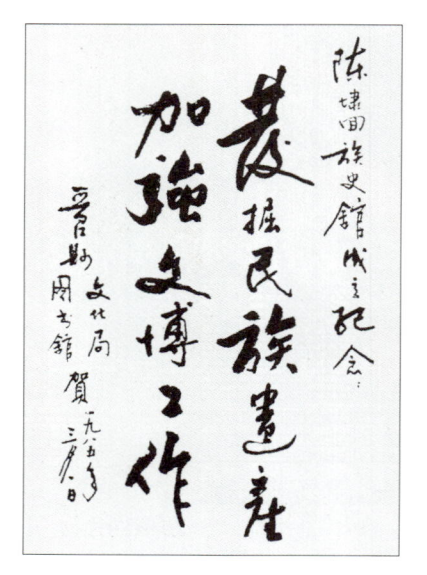

福建省人民政府公布丁氏宗祠为第三批省级文物保护单位
（附名单编号为21分类号13）

省级文物保护单位陈埭丁氏宗祠碑

1991年3月20日，泉州市委统战部部长傅圆圆、晋江市政协副主席王永裕为福建省第三批省级文物保护单位丁氏宗祠揭碑

137

1985年6月14日，以丁魁梧为团长、丁晋朝和丁木德为副团长的"陈埭旅菲回国访问团"返乡谒祖

1995年10月，在宗祠接待来访的泰国丁氏宗亲回国探亲团

台湾宗亲丁逸风回陈埭谒祖

138

1995年9月23日，台湾丁东德率"丁氏宗亲华南寻根之旅暨乙亥秋尝祀祖团"莅临陈埭，在宗祠祭祖并参观回族史馆

台湾宗亲丁守真还乡谒祖

福建省文物局文件

闽文物字[2001]10号

关于陈埭丁氏宗祠维修方案的批复

晋江市文体局：

你市晋文体[2001]20号"关于申请审批陈埭丁氏宗祠维修方案的请示"悉，经研究，现批复如下：

一、同意报送的由三明市文物古建筑修缮处编制的"陈埭丁氏宗祠维修方案"，实施中应严格遵循"不改变文物原状"的原则，最大限度地利用原有构件。

二、不得对古建筑进行重新装饰或添加新装饰件。

三、为了确保工程质量和文物安全，维修工程应选择具有古建维修经验的施工队伍承担。

四、请你局加强维修工程的监督管理。竣工后，依法报我局组织验收。

此复。

福建省文物局
二〇〇二年六月十九日

抄送：泉州市文化局、文管办

福建省文物局文件

2002年重修宗祠中堂梁架糟朽状况　　部分糟朽木料　　重修中堂新制梁架

重修后的宗祠中堂

陈埭回族史馆

丁木德　　　　　　　　　丁和木　　　　　　　　　丁金朝

宗祠重光庆典

原福建省民委主任雷恒春参加庆典活动

重修丁氏大宗祠碑記

陳埭丁氏一世祖節齋公，教宗回回，南宋年間自蘇貨賣于泉，居文山里，二傳至碩德公，于元末筆居陳埭。丁氏大宗祠始建于明永樂初（一四○三），嘉靖三十九年毀于兵燹，九世祖洛州守毅江公承父志，債先構而重建，萬曆二十八年，十世祖計部元公、憑藝祿餘、拓宇擴築，再修等始具宏規。清代道、咸間，數度重修，先緒十五年（一八八九），先曾祖父廷蘭公董其事，再修等翻建迄今。大宗祠建築獨具特色，結構成「回」字形、裝飾藝術融合中華文化，是福建省歷史最悠久、規模最宏大、保存最完整之回族祠堂，一九九二年列為福建省重點文物保護單位，數百年來，風雨滄桑，蟻蠹侵蝕，至待整修。保護文物，盛世修祠，為後人之責。去冬回族事務委員會集族人共議，推頭操宗長主持其事，護者、市、鎮政府之支持、海內外族人踴躍捐輸，鳩工購料，于二○○一年荔夏毀土、臘冬告竣，共費人民幣壹佰餘萬元，遵照文物保護法修舊如舊的原則，視模括構，悉依舊制，而建築風貌，煥然一新。回族事務委員會成立以來，還修建靈山祖塋，偏編出版《陳埭丁氏回族宗譜》，籌修籌大宗祠工作更為繁重，祖德宗功，後世楷模。余喬受族人委命，撰文勒石以記其事年

旅菲清真工姓聯宗會理事長，菲律賓聚書丁氏宗親會理事長，二十三世裔孫 木德薰沐拜撰

公元二○○二年歲次辛巳臘月日立

福建省民族与宗教事务厅

贺 信

陈埭回族事务委员会：

欣悉丁氏祠堂暨陈埭回族史馆重修工程业已落成，在此谨表示热烈的祝贺！

泉州是我国"海上丝绸之路"的起始地。泉州回族在发展的过程中吸收了当地其他民族的优秀文化和传统，形成了自己独特、灿烂的民族文化。省政府已将陈埭丁氏祠堂列为第三批省级文物保护单位。丁氏祠堂暨陈埭回族史馆的重修落成，就是对陈埭回族历史文化和珍贵文物的最好保护和弘扬。

预祝丁氏祠堂暨陈埭回族史馆重修工程落成典礼圆满成功！

二〇〇三年九月十七日

1979年1月25日，丁氏宗祠召开"庆祝晋江县革委会重申陈埭丁姓为回族大会"

1984年11月，召开"陈埭镇第一届回民代表大会"，成立陈埭镇回族事务委员会

在宗祠举办每年一度的"回族新老干部团拜会"

1991年，陈埭丁氏宗祠举行"晋江市伊斯兰教协会"成立仪式

陈埭民族诗词研究社在宗祠举办诗会

陈埭回族社区在宗祠为老年人协会举办集体祝寿会

晋江市伊斯兰教协会、陈埭老年人协会在宗祠举行庆典大会

146

陈埭民族南音社在宗祠举办南音演唱会

1989年，福建省历史学会和陈埭镇回族事务委员会联合在宗祠举办"陈埭回族历史学术研讨会"

厦门大学历史系考古专业师生参观宗祠

南方回族古籍整理协作会议代表考察宗祠

中国历史博物馆水下考古研究室专家考察宗祠

台湾中研院民族研究所教授考察宗祠

国内外专家、学者参观考察宗祠题签

美国华盛顿大学教授考察宗祠

Merci de nous avoir permis d'assister à cette cérémonie émouvante.
Mit den besten Grüßen
18-02-1989 Marcus Lenrenz
Tack för all vi fick se idag!
18-02-1989 Ulrike Landgren
纪可梅
MC Quiquemelle
1988.6.24

Passionante histoire d'une famille exceptionnelle à la frontière de deux cultures ......

D. LOMBARD EHESS Paris
C. SALMON CNRS Paris

陳埭 回民之光
日本東京大学
濱下武志
二〇〇二年十一月五日

With greetings and many thanks for a kind reception. May the relationship be long and fruitful.
Arthur P. Wolf
Stanford University
July 21, 1990

WITH THANK YOU FOR THE FINE TOUR OF THE VILLAGE AND YOUR MOSQUE
ADD.
T. ABERCROMBIE
NATIONAL GEOGRAPHIC SOCIETY
WASHINGTON DC

Many thanks for this welcome reception & tour.
Lynn Abercrombie
August 27, 1990

高尚博

149

石可烂 海可枯
伊斯兰的友情
不可枯
也不可烂

魏学尧
6/8-91
哈吉 Abd. Ramut Djock (印尼)

孔.布赖恩
DOUGLAS WIJEYARATNE
(Judge of the Court of Appeal)
4 Menthri Rom,
Colombo 5.
SRI LANKA

谨贺新年
辛未元旦
权五明

日本·南山大学
吉原和男

日本庆应义塾大学
铃木正崇

回乡纪念
国分直一
江上波夫
铃木满男
刘茂次

日本山口大学 教授

保护遗产
中国联合国教科文组
织全国委员会
1989.11.18

福建民族企业
兴起之最
富恩嘉
九八九六十日

加强民族团结，共同振兴中华
全国人大常委会
陈慕华 孙孚凌 廖汉生
王汉斌 叶飞浩

发扬民族
传统
争取更大
进步
马守群
八九二六九

全国人大副委员长王汉斌视察宗祠

家民委主任司马义·艾买提视察宗祠

福建省人大副主任温秀山视察宗祠

利亚国家文物总局局长苏尔坦穆哈欣博士考察宗祠

约旦国家电视台在宗祠拍摄中国回族民俗专题片

1991年春，联合国教科文组织海上丝绸之路考察团考察宗祠

联合国教科文组织协调员迪安博士发表热情洋溢的讲话

阿曼、卡塔尔、巴林、沙特阿拉伯等国驻华大使参观回族史馆

联合国教科文组织协调员迪安博士向丁显操主任颁发奖章

1994年春，联合国教科文组织在泉州举办"海上丝绸之路与伊斯兰文化学术讨论会"，与会联合国官员、阿拉伯国家专家学者考察宗祠，受到陈埭回民的热烈欢迎

外国朋友在宗祠种植"友谊常青树"

友谊常青树

后记

　　20多年来，随着改革开放以后党的民族与宗教政策的贯彻落实，陈埭丁氏回族在政治、经济、文化的各个方面都发生了巨大的变化。逐渐步入"小康社会"的人们，开始越来越多地关心和重视宗族事务。被视为宗族发展壮大、团结向心之表征的修祖墓、建祠堂、编族谱，成了全体族人的共同愿望。在回委会的策划组织、海内外宗亲的积极参与下，相继圆满地完成了迁建灵山丁氏祖墓（1996年）、编校出版《陈埭丁氏回族宗谱》（1996年）、重新翻修丁氏宗祠（2002年）的三件宗族大事。我们向长期以来热心桑梓、倾情奉献的宗亲致以崇高的敬意，并借此向中央及省、市、镇各级领导和相关部门给予的大力支持表示衷心的感谢！

　　陈埭丁氏回族七个世纪的发展历史，特别是作为宗族象征的丁氏宗祠所显现的独特的民族风格和鲜明的文化色彩，引起了各级领导和中外学界的关注，纷纷前来参观考察和做调查研究。我们欣喜地看到了许多媒体宣传介绍陈埭丁氏宗祠，也看到了不少对其展开多层面研讨的书刊著述。最近，作为福建省社会科学研究"十五"规划（第一期）项目——"陈埭丁氏回族社会文化变迁的调查与研究"的成果，厦门大学历史系庄景辉教授撰写的《陈埭丁氏宗祠》一书，受到了大家的好评和热心的支持。

　　《陈埭丁氏宗祠》由厦门大学出版社出版发行，全国政协常委、中国海交史研究会会长、中国社会科学院历史研究所研究员陈高华先生作序，厦门大学历史系教授吴孙权先生摄影（杨湘贤先生提供部分照片），旅菲清真五姓联宗总会理事长、菲律宾聚书丁氏宗亲会理事长木德，安踏（福建）鞋业有限公司董事长、晋江市陈埭民族中学校董会董事长和木，政协泉州市委员会委员、福建省三兴体育用品公司董事长金朝三位宗亲赞助资金，谨此一一记载于书后而永铭矣。

陈埭镇回族事务委员会
2003年5月16日

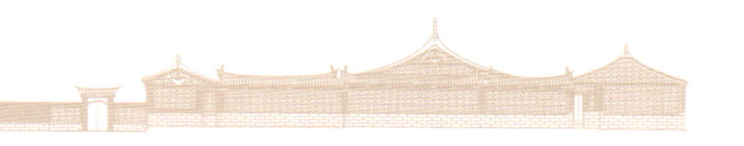

再版附记

一座回族宗祠，以具有"历史、艺术、科学价值"的文化遗产，被列为"全国重点文物保护单位"，至当年国务院公布的全国2352处"国保"（福建省85处）中是绝无仅有的。宗祠是血缘聚落里最高等级的公共建筑，是一个宗族政治、经济和文化的表征。丁氏宗祠荣膺"国保"，更进一步提高了陈埭丁氏回族的社会地位，扩大了在海内外的影响，彰显其重大的现实意义。

揭碑庆典大会上，陈埭镇回族事务委员会表彰了12位20多年在宗族事务中做出突出贡献者，与有荣焉而甚是感慨。记得在揭碑仪式的热烈掌声中我讲了这番话：回想1979年恩师庄为玑教授引领我走进陈埭丁氏回族社区做海外交通史迹的调查，在此之后的多年间，我以陈埭丁氏回族为研究领域的重点之一，作为学术研究夙愿，在丁氏回族迁建祖墓申报"省保"、整理编校出版《宗谱》修缮宗祠申办"国保"中，我一直为之不懈地努力。如果说取得了可喜成果，这与丁氏回族宗亲的关心与支持是分不开的；如果说做出了突出贡献，这是对丁氏回族宗亲给予关心与支持的绵薄回报，亦可谓心存诚敬而责无旁贷。值此庆典，向长期以来关心与支持我的丁氏宗亲们，致以最崇高的敬意和最诚挚的感谢！

我们衷心地希望也有理由相信，全国重点文物保护单位陈埭丁氏宗祠，必将在新的历史时期，为"保护文化遗产，弘扬民族精神，建设先进文化"，发挥更加积极的重要作用。

谨此再版附记。

庄景辉

2024年6月8日